智元微库
OPEN MIND

成长也是一种美好

[英]菲奥娜·默登
(Fiona Murden)

著 李菲 译

镜映思维

人在社会中的自我形成

Mirror Thinking

The Unconscious Power of Role Models

人民邮电出版社
北京

图书在版编目（CIP）数据

镜映思维：人在社会中的自我形成／（英）菲奥娜
·默登（Fiona Murden）著；李菲译. -- 北京：人民
邮电出版社，2021.4（2021.12重印）
ISBN 978-7-115-55956-2

Ⅰ. ①镜… Ⅱ. ①菲… ②李… Ⅲ. ①社会心理学—
通俗读物 Ⅳ. ①C912.6-0

中国版本图书馆CIP数据核字(2021)第021388号

版权声明

◆ 著 ［英］菲奥娜·默登（Fiona Murden）
  译 李 菲
  责任编辑 张渝涓
  责任印制 周昇亮

◆人民邮电出版社出版发行　　　北京市丰台区成寿寺路11号
  邮编 100164　电子邮件 315@ptpress.com.cn
  网址 https://www.ptpress.com.cn
  大厂回族自治县聚鑫印刷有限责任公司印刷

◆开本：880×1230　1/32
  印张：8.25　　　　　　　　　　2021年4月第1版
  字数：293千字　　　　　　　　2021年12月河北第4次印刷
  著作权合同登记号　图字：01-2020-5696号

定　价：59.80元
读者服务热线：（010）81055522　印装质量热线：（010）81055316
反盗版热线：（010）81055315
广告经营许可证：京东市监广登字20170147号

为什么镜像系统对我们很重要

我珍藏了一张照片。拍照时正值初夏时节，天气晴朗，两岁的我坐在野餐垫上，头戴祖父的软呢帽，鼻子上架着祖父厚厚的有框眼镜；祖父戴着我那顶有樱花装饰的小黄帽，正回头对我微笑。后来，据家人说，那时，我戴祖父的帽子是想逗他笑，祖父也的确笑了，那是自祖母过世之后他第一次露出笑脸。现在看照片，想到我那么小的时候就非常聪明、非常关心祖父，就知道如何让他暂时从悲痛中解脱，这真令人欣慰。实际上，我可能只是做了每一个孩子都会做的事，就是不假思索地模仿自己看到的事，我模仿祖父的行为，便自然地让祖父笑了出来。

这种模仿不只是人的能力。观察并模仿同类的行为也是所有动物学习的必经之路，你有没有见过小猫看猫妈妈洗澡，然后自己也跟着洗？有没有看过海獭用石头开扇贝的视频？除非见过成年海獭这样开扇贝，并自己尝试过多次，否则小海獭是不会这样开扇贝的。对于他人的言行，我们会先观察、模仿，然后理解、消化，重复去做。这样的行为，我们有时是特意做的，但通常是在不经意间做的。

从表面上看，这种模仿行为是最基础的学习行为，我们只有在小时候才会这样做，但事实上，如果没有这种行为，无论作为个体还是作为种群，我们都将难以生存。让人类繁衍生息到如今这个盛世的，少不了镜映（mirroring）的力量，有意识的镜映思维也是开启人类未来之门的钥匙，我们只需学习开发深藏在大脑中的镜像神经元的超凡功能即可。

大脑中让我们成为最独特的人类的部分——新大脑皮层，在我们刚出生时是"预先编程"最少的。尤其是在我们的生命初期，它会迅速与社会和文化中特有的信息结合起来，引领我们辨识社会环境，并与我们身边人的风俗习惯、价值观念和信仰"接轨"。越来越多的证据表明，人类的大脑已经进化到能够让我们更有效地进行社会互动的程度，而在远古时代，正是这种社会互动增加了祖先们的生存概率。与更多人在一起，人可以捕获更大、更多的猎物，可以更广泛地选择性伴侣，可以有更多的眼睛去提防猛兽或敌人，还可以彼此分担抚养和保护孩子的责任。大脑更大，就能储存更多关于其他人的信息，从而建立更广泛的人际关系，判断出谁跟谁在做什么，知道应该避开谁、跟谁交朋友。我们在后文会介绍，所有关于与他人相处、合作的关键信息，都储存在大脑中的镜像神经元系统中。

除了让我们更加熟悉社会交往的技巧，我们大脑中的这一独特部分还让我们比其他生物更能够传承已经积累的知识。大家都知道，要通过沟通交往，借助观察、行动和讲述的方式将知识代代相传。没有知识的传承，社会无法发展到如今的地步。若没有知识的传承，我们就没有手机，没有自来水，没有用来抵御疾病的抗生素，没有带我们去全世界旅行的飞机。上述物质都是我们从最基础的知识开始，通过成千上万年的学习、积累创造出来的。如果我们将这个过程比作搭建房屋，那么我们必须先打好地基，然后才能盖上屋顶。如果没有打好地基，后续的工作都是行不通的。

人类最初用大脑传播生存最基本的知识，例如，学习生火。生火技能的掌握让人类向前迈了一大步，超过了其他动物。因为人类学会了将以前无法生吃的食物烹饪熟了再吃，所以食物来源丰富了许多；人类在选择居住地时，可以用火清理浓密的灌木，用火吓跑其他捕食者，用火制造光源，提供温暖。倘若一个地方只有一个人会生火，而没有其他人来模仿、学习这一行为，那么这一行为便无法被后人知晓；没有更多的人分享这项技能，那么生火的行为只能产生一点点火花，转瞬即逝。我们如今的知识便是用这种重复的行为进行传播的。虽然我们不需要知道怎样在荒野中生存，但我们需要学习社交知识，了解群体活动的规则，并将这些内容传播给身边的其他人。

既然是先进的头脑让我们有了这种能力，那我们就有必要了解一下头脑的构造了。我一直认为，阐述大脑构造最有用的假说是 20 世纪 60 年代末出现的，当时，一位名叫保罗·麦克林（Paul MacLean）的医生提出了"三位一体的大脑"理论来描述人的大脑从人类进化之初到约 5 万年前停止进化的过程。麦克林认为我们的大脑进化到如今的大小、进化出如今这样的能力，还保留了更为基本的构造特征，就是一层叠一层地分布。大脑的三个部分具有极其特殊的结构和生化性质，它们虽然相互关联，但对刺激的反应截然不同。

大脑的第一层构造是脑干，它与爬行动物的大脑构造极为相似，形成于 3.2 亿年前，主管心率、呼吸和体温等人体基本功能。

第二层被称作边缘系统，是在约 1.6 亿年前，爬行动物进化为早期的哺乳动物时出现的。这一部分主管我们的基本感觉和情绪行为，如吃、睡、趋利避害和生育等，可以统称为大脑的情感中枢。

第三层被称作新大脑皮层，这一部分是大脑在 5 万年前进化出来的最后一层构造。上述结构 5 万年来几乎没有太大的变化，基于此，我们的头脑构造与祖先基本保持一致，不同的只是储存在其中的知识。这一部分主管的是更复杂的思维，包括逻辑推理、语言和有意识的思维。

让我们成为独特的人，并能从出生时起就准备好接受来自周围世界的所有信息的，正是最外面的这层新大脑皮层。我们的生命之初，大脑的神经系统很快就储满了关于我们身处的社会和文化环境的各种信息。这种信息来自我们遇到并与之沟通交流、效仿的人和环境。这时候，我们的体验、经历和感知就构成了认识自己的基础。

人类大脑的前两层与其他动物大脑前两层的功能是一致的，即主管我们的繁衍生息和自我生存。在本书中，我们将大脑的这两部分统称为"应激反应区"。这部分发挥的功能是大脑根据环境变化而快速做出的无意识反应。应激反应区在我们日常生活中占据绝对的主导地位，不仅影响我们的吃和睡，也是我们的归属感以及为了生存想要融入集体的欲望的产生地。结果，一种极端强烈的本能刺激我们密切关注社会与情感环境，这种热切程度连我们自己都不敢承认。虽然西方文化崇尚个人主义，但事实上，西方人也常互帮互助，相互间的联系也很紧密。我们出于本能经常观察社会环境中发生的事，以便了解不同事情间的细微差别，进而塑造我们的个性和行为。

生命中更复杂的领域由反应速度更慢但更深思熟虑的新大脑皮层负责。本书中，我们将这一部分称为大脑的"观察探索区"。它主管更高级的行为认知方面的功能（如探究我们存在的目的），并为我们共同生活的社会做贡献等。观察探索区还负责翻译从大脑的应激反应区传送过来的信息，让我们探究不同情绪和情感产生的缘由，组织语言，回答遇到的各种问题等。

虽然用大脑的观察探索区思考更加有效，因为它总是在深思熟虑之后才会做出反应，但大脑的应激反应区从生理上而言占主导地位，而且对刺激做出反应的速度更快。在某些情况下，这很重要。例如，当某人朝我们扔东西时，我们往往来不及思考发生了什么就迅速避开了。能趋利避害，我们要感激大脑的应激反应区，它让我们避开了扔向我们的物体。不幸的是，我们的生存本能仍然很强大，在大脑的观察探索区可能做出更"合乎逻辑"的反应的情况下，我们的生存本能仍然会占据上风。这方面的简单案例就是，在试图减肥的时候，我们吃的还是比我们需要的多，因为想吃东西的本能压倒了想保持身材的基本原则。尽管我们的思想较祖辈有了惊人的进步，但本能仍然存在。我们仍然需要像祖先一样活动，仍然非常依赖社会和情绪情感，我们的大脑仍然与祖先一样，有着最基本的功能。

这意味着，我们不仅有必要了解大脑的应激反应区和观察探索区之间的沟通与联系，也有必要了解大脑的应激反应区是怎样无意识地引导我们从环境中汲取信息、学习不同行为的。我们身边的人一直都在刺激、引导着我们对待不同人和事的反应方式。

想一想，你是否记得你是怎么学会系鞋带、游泳、骑自行车的？你知道你的价值观念是怎样形成的吗？你还记得教会你做现在的工作的那个人吗？你可能会对学习某些特定技能的场景或教导过你的人印象深刻。然而，你、我、我们所有人通常都认识不到，生活中对我们影响最大的，往往是我们身边的人。

　　这个作用是显而易见的，但我们大部分人都没有关注这一点。例如，想象自己进入一个大家都在悄声说话的环境中，你会用正常说话的声调来说话，还是跟大家一样轻声细语？你平常会不会观察跟你同桌聊天的人，看他们的胳膊、头和手是否与你放在同样的位置？看到别人撞伤脚趾头，你能想象那种让人龇牙咧嘴的痛吗？当别人讲出令他们震惊的故事时，即便对这个故事没什么感觉，你也会跟着大喊大叫吗？

　　我们就是这样不断对他人进行着微妙且持续的观察和模仿。你可能认为你清楚这一点，但你很可能并没有真正意识到这一点。你经常去做这些不经意间做出的动作，然后形成习惯，它们就成了你的特征，无意中改变了你的个性、信仰和价值观念。的确，现代社会纷繁复杂，人们的消遣方式也很多，这让我们难以认识到这一点，也难以预测这可能导致什么样的后果。日常生活中的细小变化会改变我们的穿着、购物地点、购买选择以及我们在社交平台上关注的人、我们观看的电视节目、我们做运动的频率以及日常饮食。因为这些都要通过我们对他人的观察和与他人的互动才能完成，这就是镜映思维。

　　除此之外，通过镜映思维进行角色建模，通常是理解人类行为和情感的细微差别及复杂性的唯一途径。同样，学习打网球时，也要先观察别人是怎样发球的——没有见过别人发球，只按照指令去做，我们是不可能做好这个动作的。因此，我们模仿、学习他人的行为时，必须知道这种行为的社交功能，以及它对我们的情绪和情感产生的影响。通常，我们并没有认识到这一点，因为这对我们来说是非常自然的事情。

　　当我们理解了这些机制并有意识地观察、探索我们周围发生的事情时，我们就可以选择自己要做出的行为，选择我们对周遭环境的反应方式。我们关注的东西和我们吸收、学习的东西会极大地影响我们生活的方方面面，从而让我们产生如下差异：

要么学有所成，要么一无所成；

要么身体健康，要么总是看医生；

要么在职场上步步高升，要么停滞不前；

要么擅长社交，要么总是被人忽略或漠视。

这些差异会影响我们的收入水平、社会地位、预期寿命、生活质量，甚至影响我们生多少孩子以及婚姻生活的幸福指数。从社会层面来说，这会影响政府职能，使政府维持或打破积弊的束缚，增强或削弱恐怖主义的威胁，还会影响人的生理和心理健康等。

美国知名社会学家罗伯特·K. 默登（Robert K. Merton）提出的"角色楷模"①一词影响甚广，已经成为一条全球化的日常用语。"角色楷模"就是"一个被其他人视为榜样的人"。关于"角色楷模"的一种常见误解是，他们是英雄人物，是只可远观且绝对可靠、永不会犯错的人。其实这只是一种不切实际的理解，我们身边的"角色楷模"有好有坏，而且我们有时也是他人的"角色楷模"。

有样学样

社会学家罗伯特·K. 默登生于 1910 年，他在 20 世纪 50 年代提出了"角色楷模"这个术语。自那时起，我们对行为的理解改变了很多。在默登的时代，我们只看得到表面，也就是观察和模仿他人的言行；而

---

① 本书提到的"角色楷模"为心理学领域研究镜映的特定术语，对于一些有负面行为的"角色楷模"，我们并非要效仿其行为，而是通过研究规避其不良表现。——编者注

现在我们能够认识大脑的内部结构，了解、观察和模仿行为背后的大脑运作机制。过去几十年里神经科学取得的巨大进步让我们更详细地了解正在发生的事情，这表示人类已经开始研究大脑中与角色楷模模仿相关的区域。透过现象看本质，我们已经知道，我们的行为不只来自观察和模仿，还是想象、移情、故事讲述和反思与角色楷模模仿的内在联系导致的。这些内在联系使人类的大脑在学习和创造的神经传递过程中，能完善和增强人类对世界的社会和情感体验。

虽然人类对大脑中主管这些方面的神经元网络的了解还不够深，但自偶然发现这一联系网络以来，人类在这方面的知识储备已经有了相当大的进步。1992 年，意大利神经生理学家贾科莫·里佐拉蒂（Giacomo Rizzolatti）和他在帕尔马大学的科研团队正在研究大脑是怎样控制手抓握东西的。通过将电极插入猕猴的大脑，他们能够监测到大脑中最小的组织——神经元。他们尤为感兴趣的是，这些神经元是怎样被"激活"并把信息传递到猕猴的大脑和身体的。

一天，研究人员与猴子同屋吃饭时注意到，有一只猴子没有做任何动作，但它大脑中的神经元被"激活"了。这只猴子看到科研人员将食物送到嘴边，这时，控制猴子将食物放到嘴边的神经元也被"激活"了。科研人员立刻认识到，这就是一个"有样学样"的案例。里佐拉蒂将他们的发现公之于众，并将控制这种行为的神经元称为"镜像神经元"（Mirror Neurons）。不过，直到 2000 年，一位名为拉马尚德兰的神经科学家兼作家发表了一些相关发现之后，镜像神经元才引起广泛关注。

拉马尚德兰对此非常着迷，他甚至认为："镜像神经元的发现对心理学的影响就好比 DNA 的发现对生理学的影响，这些发现将提供一个统一的框架，帮助解释迄今为止再多实验都解释不了的很多心智能力。"他列举了如下实验揭秘不了的问题，比如，为什么一个人会模仿他人的行为，文化、习俗是如何在众人之中传播的，孩子是怎样学音乐的。即便是预测接下来将要发生的事，比如预测他人接下来可能会做什么，也要依靠镜像神经元。

就像任何新生事物都会引发广泛关注一样，这种概念很快就遭到人们的质疑。其他神经科学家宣称，这些特定的神经元并不能解释人类学习过程中所有错综复杂的现象——人类的神经元系统比猕猴的要更加错综复杂。我们现在仍然不知道这句话究竟对不对，这有待神经科学家们进一步研究。与其他学科相比，神经科学的发展才刚刚起步，不过我们现在所知和所能运用的神经科学知识已经为人类理解日常生活提供了绝佳的机会。本书并不是要论证某种神经科学理论的正误，而是要利用人类目前掌握的概念信息来理解行为更宽泛的特性。这一概念就是镜像系统，通过这一系统，人类得以学习和进步，无论何时，无论何地，行为、知识、习俗和社会规范都能代代相传。

但是，我们还远远无法充分利用镜像系统——无论是作为个人学习的途径，还是作为社会交往的途径。从某种程度上而言，镜像系统有时会不知不觉地利用我们。这个概念很简单，要看我们怎么选择。如果我们想要为改善自己和他人的生活而有意识地利用镜映思维，就要理解它，并且有意识地在做决策的时候使用它。如果我们能更明白日常的沟通交流对大脑功能的影响，就能够加深人类对镜映思维的理解，从而明白如何使用它。这种对镜映思维更深层次的理解，将使我们超越个人期望，推动我们向期盼的未来前进。

为何镜映思维对我们的生存至关重要

13 岁时，我和家人一起搬到了另一个地方居住，也就是说，我必须离开一个相对熟悉、大家都很喜欢学习的集体，转到其他学校去学习。在以前的学校里，擅长体育运动是一件值得骄傲的事，大家也都很勤奋。新学校与之前的学校很不相同，这也可能是因为我年少转学、生活发生了改变而产生的想法。那一学期的一堂生物课给我留下了深刻的印象。生物老师说："全班同学除了菲奥娜的作业完成得很棒，其他人都没有完成好作业。"所有同学都把目光转向了我，这让我顿时觉得失控，心里很难受。我觉得丢脸，无法轻易摆脱这种感觉，毕竟，第一印象的影响力是持久的。刚刚转学来的新生肯定不想被贴上"假正经""书呆子""跟我们不一样"这样的标签。我认识到，如果要在这个新环境中产生归属感，那我就必须马上做出改变。

为了融入集体，我改变了以前的所有习惯，我不再关心能否获得优秀的成绩，而只关注完成多少作业就能应付检查。以前我热衷于参加各种运动，而现在，我尽量避免被选入球队。不久之后，我就没有那种格格不入的感觉了。除了我，还有三位同学也是在同一时期转学来的，但他们不久就又离开了。新学校并不是什么"令人难以忍受"的地方，却可能是"让人觉得难以融入"的地方。我之所以能在这里产生归属感，能得到新同学的接受和认同，要归功于镜映思维。这是一次很重要的改变，我认识到了这一点，所以才决定有意识地去做一些事，去融入集体，去改变自己。在这种情况下，做出这样的改变不一定是正确的决定，因为青少年时期，人的大脑还没发育完全，还不足以做出最佳的决策。重要的是，有意识地做决定给了我一种掌控局面的感觉。

作为成年人，我在职业生涯中对心理学知识进行了深入的研究，也听说过不少人的曲折经历。我见证过他们的苦与乐，看到过他们在幼年期、青少年期和成年期对身边人产生的影响，以及身边人对他们产生的影响。我也知道，这种认识和心理作用会如何影响他们的能力，让他们以自己想要的方式构建自己的人生，并帮助他们以积极、有建设性的方式影响他人。控制能够影响自己的因素，了解我们对身边人产生的影响和作用，这是一种有意识的决定。

通过了解许多人的个人经历，我见证了他们的成功和失败，以及他们人生的高潮、低谷和重大转折。这种个人经历与科学研究验证了同一件事——每个人都会受到生命中出现的人潜移默化的影响，会按照他们的行为模式行事。镜像系统对我们的学习和成长很重要，这主要是因为我们会受到他人的影响。无论我们是否认识到了这一点，每个人都会有自己的"角色楷模"，好的坏的都有。我们要模仿，就必须观察。观察让我们理解他人的行为，并按自己的理解去模仿。我们身边到处都有"角色楷模"，他们总是刺激着我们大脑的神经元系统。据统计，一个人一生平均要见 8 万人，每个人都会对别人产生影响，而别人也会对你产生影响。人们彼此传递文化习俗、观念和态度，教身边的人应该怎样做，不应怎样做。所以，每个人都参与了塑造人类的工作。

可怕的是，当我们没有认识到某件事时，我们就无法理智地评判它，也无法决定我们是接受还是拒绝这种认知。我们只是习惯了某种行为，让它成为我们个性的一部分。例如，2007 年《新英格兰医学》期刊上发表的一项研究称，研究人员通过 30 年间对 12 000 名接受调查之人的追踪调查发现，若与这些人打交道的人体重增加了，那么这些人的体重也会呈上升的趋势。如果跟你关系好的朋友体重增加了，那么你体重增加的可能性居然高达 71%。我们身边的人，尤其是跟我们亲近的人，对我们的影响是渗透性的，我们潜移默化地模仿他们的行为习惯，逐渐形成了自己的行为习惯。不仅增加体重如此，几乎我们做的每一件事都是如此。如果我们对模仿的行为有更深的认识，那么我们就能够对其做出理性的判断，并决定要不要采取这种行为习惯，这将让我们的生活方式发生巨大的改变。

对我们影响最大的是经常与我们沟通的人，是我们信任的人，是我们接触的人，这也是三类我们经常学习或模仿的对象。这些对象可以是我们的家人、朋友、同学、同事，也可以是我们读到的故事中的角色。我们将探索这些人与我们的关系，了解他们对我们的大脑产生的不可思议的影响，看看他们是如何对我们以及我们生活的方方面面产生影响的。

有意识地认识和了解大脑的运作机制，能让我们有更多的掌控感，而且能让我们以最佳方式利用镜像系统。这将让我们成为他人的"角色楷模"，并且找到最适合自己的"角色楷模"。

（注：本书写作过程中参考了不少资料，文献来源及注释见智元微库公司网站：www. zhiyuanbooks. com. 如有需要，请前往网站下载电子版。）

目录

Mirror Thinking

第一部分

我们的生命之镜

*The Unconscious Power
of Role Models*

第一章
与生俱来的镜映

你的生日，无论庆不庆祝，你都会记在心上。当你办理签证、驾照、贷款以及约见医生时，工作人员要登记这一信息。我们总是期待亲近的人每年都记得这个日子。这个日期是我们所有人生命的里程碑，不仅是因为这一天是家人们欢迎我们来到这个世界的时刻，也不仅是因为从这一天开始，就有不同的政府机构记录着我们的年纪，而是有一个更深层次的理由。从出生时起，我们的大脑就在接受信息，而也会受到周围人的影响。我们基本的大脑结构会镜映每一个人的每一个动作以及每一次与他人的沟通交流。助产士将我们送到母亲怀里，父亲第一次看我们时，我们大脑中由他人刺激形成的神经元回路开始被"激活"。事实上，我们生命开始的最初 3 分钟里，大脑里会产生 1.8 亿个新的神经连接回路，其中绝大部分能够镜映他人的行为，尤其是父母的行为。

大脑中的神经元连接回路，是定义我们个性的基础。它们负责大脑内部的沟通联系，彼此传送各种生化信号，让我们能够理解身边的世界并做出反应，这些神经元连接为我们学习和记忆提供了基础。在我们出生之前，大脑中的神经元回路就已经开始建立，但直到成年期才会发展成熟。事实上，现已证明，正是因为大脑具有可塑性，所以它才能随我们的成长而逐渐改变，但过了幼年期之后，我们的大脑会越来越难改变。

大脑是从最低级逐渐进化到高级阶段的，大脑中简单的结构构成了大脑的基础，随着时间的推移，越来越复杂的神经元网络系统逐渐形成。大脑的应激反应区——就是与其他哺乳动物相同的大脑结构，也有神经元回路，这些脑回路在形成其他更复杂的神经系统（包括镜像系统）时起着沟通联系的作用。例如，我们通过观察和模仿身边的人来培养更基本的情感驱动力，包括吃东西的欲望，感觉到疼痛，想要与他人沟通，面对危险时心里的恐惧等。我们每个人都是不一样的，那些塑造你我独特个性的事物，都会受到本性、基因和所处环境的影响。这些信息都储存在大脑中独有的某个区域，即我们的新大脑皮层，或称为大脑的观察探索区，当我们观察、模仿周围的人和世界时，我们会把收获的信息储存到这一区域。我们对一种主要刺激产生的回应，例如所有人都会有的恐惧——是因个人体验和经历而形成的独特感受。因此，对不同人而言，这种感受也会有细微的差别，这就是个体差异。例如，有人害怕蜘蛛（应激反应区——基本驱动力），这可能是因为他的母亲害怕蜘蛛（观察探索区——因经历体验而生成）；有人害怕黄蜂（应激反应区——基本驱动力），这可能是因为他小时候被黄蜂叮咬过，然后他的父母亲也因害怕而不敢让他靠近黄蜂（观察探索区——因经历体验而生成）。

有人认为这反映了镜映思维是如何发生的，即从最简单的镜映开始，在此基础上建立思维。我们先观察周围环境，然后对周围环境中的某种行为或情感进行镜映，就是在我们自己的头脑中回想周围人的行为动作，并自行模仿创造。这让我们的镜像神经元得到训练和发展，逐步培养出镜映思维。婴儿看着父母，父母会对他们微笑，这会刺激婴儿大脑中控制面部表情，尤其是控制嘴唇的镜像神经元，于是，婴儿也可能会露出微笑。父母的微笑会对婴儿产生积极的影响，并镜映在他们的大脑中，然后他们就会不断重复这样的动作。这些互动给婴儿提供了微观学习的机会，让他们了解关于环境的细微差别，帮助他们了解微笑在他们所处的世界中的意义，他们每一次尝试做出的动作都巩固了神经元回路，让它们更加稳定。

当行为或沟通交流得到重复或回馈时，我们大脑中的神经元回路就得到了巩固，变得更稳定了。就像一条泥泞的小沟壑，经水流不断冲刷，就会逐渐形成凹槽，出现一条"阻力最小"的水道。孩子与父母的交流沟通也在孩子大脑及其神经元发育中起到不小的作用。据推测，有65%的西方婴儿睡醒时有父母陪伴，而且父母会与他们面对面沟通。有趣的是，这种近距离的接触在不同国家的表现形式不同。例如，在美国，婴儿表达一定情绪之后，母亲通常会停顿一下，然后以面部表情或说话回应。日本的母亲面对孩子的表现，则会停顿一下并做出回应，然后近距离接触孩子。母亲与婴儿的沟通方式似乎因文化环境的不同而有所区别，美国的母亲注重让孩子独立，而日本的母亲则相反，更注重相互的依赖。

学着怎样做人

刚来到这个世界的时候，婴儿的神经网络并不"稳定"。我们其实不像其他动物那样，有充分的"预先编程"，也就是说，刚出生的时候，我们非常无助，完全依赖我们的监护人。因此，我们需要快速认识这个世界，了解怎样才能在这世间生存下去。在生命的前几年里，人体内每一秒要建立一百多万条新的神经元回路。这时候，我们学习的大部分内容是怎么变得不那么无助，而不是如何不那么依赖他人。我们的生存、奋斗都需要健康、稳定的社交关系，我们的祖先如此，我们亦如此。出生以后，我们学的大部分内容是怎样与他人共存，怎样社交，而这一切都由镜像系统掌控，这一系统是随着我们与父母的沟通交流而逐步形成、建立的。我们怎么知道父母对我们影响深远呢？这一点很难验证，毕竟，我们不能将孩子带离父母，看他们一步步独自成长。但没有父母、独自长大是什么样的，我们可以从"野孩子"身上看到。

"野"这个词是由瑞典动植物学家和医学家卡尔·林奈（Carl Linnaeus）提出的。1758 年，他将生活在社会中的人和独自居住、不与人往来的人区别开来，将前者称为"人类"，将后者称为"野人"。在人类的历史进程中，哲学家、心理学家和科学家都特别关注"野孩子"，因为他们身上藏着很多关于社交的秘密。例如，人类的文化修养与他们所处的社会有没有关系？人们通过社会交往能学到多少东西？我们镜映身边人的行为已到何种程度？虽然"孩子可以自己谋生"这种说法听起来不可思议，但这种情况的确发生过，而且人们也研究过相关案例以回答上述问题。有一个案例就是，印度有两个女孩是由狼群抚养长大的。这两个孩子被发现后，猎人们称她们是"鬼魂"，因为她们"行动敏捷，动作像动物"。经过多次追踪观察，当地一位孤儿院的院长在一处狼穴里找到了她们，与她们同住的还有一只母狼和三只狼崽。德高望重的约瑟夫·辛格（Joseph Singh）给她们取名为卡马拉和阿马拉，估计她们的年龄分别为八岁和一岁半。这两个女孩都不会说话，用四肢行走，吃东西的时候像狗一样倾身趴在盘子上，对食物狼吞虎咽。起初，她们总是避免与人接触，保持与世隔绝的状态。没有父母的镜映，她们不与人沟通交流，没有社交，没有与人一起散步的习惯，甚至吃东西的方式都与人类迥异。这证实了人类大脑的运作方式，尤其是大脑中主管社交的区域的运作方式，需要环境中的"楷模"来刺激。正常情况下，父母或监护人与婴儿面对面接触时，镜映的过程会不断重复。

你出生后不久，你的兄弟姐妹或过分热情的亲戚通常会对你吐舌头。这是人们对待婴儿的方式——人们想开开玩笑，用这种方式与这个还不会说话、不理解他们说的话的小家伙互动。新生儿可能也会想用吐舌头的方式做出回应。研究显示，出生41分钟的小婴儿就能进行这样的模仿。这种好玩的小动作就是镜像神经元工作的初始例证。小婴儿观察到他人在吐舌头，他们的镜像神经元就会活跃起来，他们会调动头脑中储存的曾经看到的行为信息，然后复制这些行为。科学家们还不确定，这些镜像神经元是天生就具备镜映的功能，还是在适当的条件下才开始进行"镜映"行为的。最关键的一点是，在镜映过程中，镜像神经元一定参与其中，而重复进行某些行为会巩固镜像神经元的能力。

我们幼年时总是与我们的监护人在一起，镜映行为几乎随时发生。我们花了大量的时间观察和模仿他人的行为动作，在此过程中，镜像神经元便得到了形成和巩固的机会。出生10周左右，我们的镜映行为就从模仿像吐舌头这种简单的动作，转化为模仿父母露出的开心或生气的表情。出生一年左右，学习语言之前，父母和孩子只能通过观察彼此的行为来沟通交流，这就让镜映这种行为成为儿童成长的必经之路。加利福尼亚大学洛杉矶分校大卫·格芬医学院的精神病学和生物行为学教授马可·亚科博尼（Marco Iacoboni）研究了这种互动交流是怎样促进母亲和孩子大脑中的镜像神经元的运作，让他们相互模仿、相互成长的。

亚科博尼和他的团队发现，母亲看着婴儿，做出与婴儿同样的表情、动作，这样婴儿就会做出回应。在这种互动过程中扫描母亲的大脑，研究人员能够划分出被"激活"的大脑区域，这表明镜像神经元是在边缘系统（大脑的情感中枢——应激反应区）"活动"起来之后才被诱发"激活"的。镜像神经元也会刺激主管行为（这里特指面部表情）的区域，让母亲复制婴儿的表情，边缘系统则为这一表情提供情感意义，让母亲理解婴儿的行为，并做出回应，这创造了一种积极的依恋关系。镜映的良性循环促进了婴儿镜像系统的发展，最终形成了他们理解和建立社会关系的基础。相当有意思的是，母亲在面对自己的孩子时，镜映并理解婴儿情感的能力比面对其他人的孩子时更强，这意味着，对孩子而言，无论亲生父母还是养父母，他们在镜映能力这方面发挥的作用比其他人要大。父母对婴儿情绪"共情"的能力，被认为是培养婴儿社交能力和推动其情感发展的关键因素。

随着我们渐渐长大，看到他人做出动作，镜映并重复他人的行为，一些简单的动作才在我们的大脑中形成固定的神经元通路。这都是从模仿吐舌头这类简单的动作开始的，然后我们会得到家人赞许的回应，如微笑、拍手，或者是开心地大叫"来看他"等。虽然某些动作是我们通过刻意练习学习的，例如接抛球，但大部分教导传授是通过无意间的引领完成的。我们的监护人不经意间教我们说话、穿衣、刷牙、吃饭，教我们说"请""谢谢"，教我们对身边的人友善，甚至在不用特别指导的情况下教我们使用马桶。即便是一些热心的新手父母试图提高孩子的学习效率，很多情况下可能并不奏效。无论你怎样引导孩子成为同龄人中的佼佼者，或至少不拖后腿，比如引导孩子早点翻身，开始说话或走路，你肯定不能用强迫的手段。这些成长中必须学会的动作，即与社交和情商相关的技能，是孩子在大脑准备好之后，通过观察、倾听、镜映父母的行为学习的。所有幼年时培养的关键技能都是通过镜映和镜像神经元获得的。

出自孩童之口

我们认为，大脑"准备好"从一个发展阶段迈入另一个发展阶段时，基本的镜像神经元已经形成并工作了，然后才会形成其他更高级的神经元。首先出现的是基本的视觉镜像神经元，婴儿通过这种神经元观察父母的行为，镜映他们的行为；其次是更复杂的行为镜像神经元，有助于语言技能发展的镜像神经元尤为典型。婴儿从牙牙学语到最终学会说话、学习一种语言的全部知识，包括学习方言，似乎是自然而然、毫不费力的过程。但在生命过程中，有些东西需要花大量时间，持续不断地练习才能学会。一个小孩，大约从 2 岁开始，就会通过镜映父母的语音语调来学习说话，每天最多能学 10 个新词。从上述狼女卡马拉和阿马拉的案例可知，没有父母和监护人，婴儿根本学不会语言。相关研究也证实，在双语言环境中长大的孩子，学习两种语言的速度与他们接触的环境有关，即他们与一种语言接触得越多，学习这种语言的效率就越高。因此，倘若孩子的母亲说西班牙语，父亲说英语，但孩子跟父亲待在一起的时间更多，那么孩子学习英语的速度就比学习西班牙语的速度更快，这都是镜映导致的。

反过来，语言也成为我们认知和学习过程中的工具，为我们的成长奠定了坚实的基础。从神经学领域来看，语言是一种很复杂的技能，需要激活大脑中多个领域，让它们分工合作来完成学习。例如，英语发音中就有 what 和 where 的区别。说得更细一些，在语音方面，我们有区别更有韵律的声音的能力，如区别音节、音高，口头语和其他语言，以及背景噪声等。我们能够区别不同人发出的不同声音。如果你听到你最喜欢的流行音乐主播或电视主播的声音，你无须看屏幕就能辨认出他们。如果你的朋友用陌生的号码给你打电话，他说几句话，你就知道打电话的是谁。即便是刚学步的小孩，也能在电话里辨认出母亲的声音。这种能力对生活在社会中的人很重要，例如，你周围有一大群人时，你就需要辨别不同的人在说什么话。如果我们想培养并强化自己的社交和共情能力，那我们就要从这些方面着手，即便到了成年期，我们也需要巩固这些能力。

学习说话并理解语言的唯一方式，是不断模仿。语言能力是通过大脑额叶布洛卡区的镜像神经元运作获得的，该区域是人类大脑所独有的一个部分，位于观察探索区内，主管语言功能。父母口才好不仅能提高孩子的语言能力，还能提高孩子的认知能力。约克大学的索菲·冯·史丹姆（Sophie von Stumm）教授在 2019 年发起了一项研究：给 107 位 2 ～ 4 岁的孩子佩戴微型录音设备，每天佩戴 16 小时。该项研究发现"孩子听到成人说话的量，与他们的认知能力呈正相关"。而且，"积极正面的抚养——父母会响应孩子的诉求，鼓励孩子探索和自我表达，那么孩子就不会焦躁不安，不会好斗，不会有太多不守规矩的行为"。这有力地说明了通过镜像神经元学习，即使某些行为看起来与模仿没有直接的关系，婴儿也可以将其迅速融入其他更复杂的行为反应中。相反，缺少了这些必备条件，当孩子不会说话或语言能力有限时，他们就像被抛弃荒野的孩子那样，无法奠定社交技能和认知技能的基础，那么，他们会面临生活问题：无法上学，无法就职，无法在社会上生存。镜映父母和监护人的行为，为孩子以后的生活奠定了基础。

塑造我们自己

我们不能选择自己的父母或监护人，也不能选择我们要学习和镜映的价值观念、信仰和行为；我们不能决定自己的母语是什么，不能决定我们所处的文化环境，也不能决定我们要坚信什么信仰。虽然我们长大后还能学习母语以外的其他语言，但我们小时候学的基本知识仍然是我们神经系统的基础。这些东西对你来说重要吗？哪些价值观念是你成长过程中从未质疑过的？

长大后，我们不会只和父母在一起，还会认识不同的老师、朋友、其他家人和社区里的其他成员等，我们可能会思考为什么我们和其他人不一样。作为孩子，我们会做父母希望我们做的，这不需要其他的理由。虽然有很多不一样的朋友与我们沟通交流，让我们吃不同的食物、遵从不同的风俗习惯，但对我们影响最大的还是父母。赫特福德大学的玛丽·桑顿博士和剑桥大学的帕特里夏·布里奇诺博士于 2007 年开展了一项调查，调查对象是不同社会经济条件下 4 所英语学校里 10 ~ 16 岁的孩子们，他们发现，大部分孩子都将自己的父母当作最重要的"角色楷模"。桑顿和布里奇诺还援引了英美两国的相关研究，这些研究都显示，"孩子们大多认为父母是自己的角色楷模"。2007 年，美国一项调查面向 1100 名 12 ~ 18 岁的青少年展开，其中 67.7% 的青少年表示，父母是对他们影响最大的榜样。2014 年一项对南非乡村少年的研究也显示，父母，尤其是母亲，是孩子最大的"角色楷模"。母亲被描述为"最坚定的支持者和指导者"，是她们使家庭团结在一起。在全世界大部分国家都是如此——父母亲是孩子一生中最重要的"镜映对象"。

父母对孩子有巨大的影响，这在被领养的孩子身上得到充分体现。

虽然社会和文化环境对孩子也有一定的影响，但父母的影响无疑是最重要的。

父母与孩子沟通频繁，彼此信任，感情深厚，而不幸的是，这既能对孩子产生积极的影响，也能对孩子产生消极的影响。如果孩子的监护人童年时曾被暴力对待，那么后辈发生性暴力和虐待的概率就会大大提高，因为孩子会镜映在成长过程中感知的行为。如果父母抽烟成瘾，那么孩子常会早早学会吸烟。

犯罪、吸毒、酗酒和离婚的情况也会这样代代相传。虽然我们可能认为这些行为与人成长所处的更宽泛的社会环境有关，但为了检验父母对孩子的直接影响，这些研究已经剔除并控制了尽可能多的其他影响因素。镜映的作用很强大，而且再没有比我们原生家庭对我们产生镜映反应更多的地方了，在这个家里，我们跟我们最爱也是最爱我们的人——父母待在一起。上述所有案例，无论是积极正面的还是消极负面的，都对我们这个社会的运转有着巨大的影响——从打破肥胖的循环，到增强社会经济实力，方方面面都有影响。

父母的影响甚至会持续到我们中老年时期。想一想，当你在做重大生活决策的时候，可能还需要在某种程度上获得父母的肯定。监护人对我们的影响很重要，像我这样为各行业领导者提供服务的心理学家必须探索一下，去了解我们作为成人为什么要做出某些行为，如此便可以帮公司预测员工未来可能的行为。

将遗传因素也考虑进来，我们的言行有 35% ~ 77% 受到了周围世界的影响，是镜映了他人的行为得来的。在我们成长过程中，大脑可塑性是最强的，而通过镜映影响我们最多的则是我们的监护人。即便是我们在反向镜映——观察到不一样的事，做出不一样的行为，我们通常也是以父母为榜样的。

多年来，很多人来向我咨询，我在探索他们的童年，尤其是童年对他们影响最深的人时，问及父母时他们的反应很有趣。有些人会反思自己与父母有多么相似或不同，有些人则并没有深思这个问题。无论如何，作为成人再回顾以往的行为时，我们看待问题的角度会更客观，也总会得出令人意外的见解。我们会一直带着同样的观点去看以前的事，直到遭到质疑为止。虽然很多事情从日常角度来看都会遭到质疑，例如那个人为什么不像我一样呢，或者我怎样才能做得更好。我们总会提出这样的问题，但很多事情我们不会质疑。除非某人遇到一个问题，或出于某种原因需要探究童年经历对他们的影响，否则，人们不会耗费时间去考虑这件事。他们为什么要考虑这些呢？如今的生活已经有太多要考虑和担忧的事情了。但探索以往的经历也是一种强有效的体验，我在帮其他人回忆过往的时候总会感受到这种效果。这种活动的目的自然不是无端地回忆无关紧要的往事或是责怪过往，而只是去了解什么让你成为现在的你以及你是否镜映过父母的言行。

父母对我们的影响还包括我们的自控能力，作为孩子，这是我们成年后会变成什么样的一种强有效的预测途径。能够控制自己的情绪，克服对短期欲望的渴求，是一种年幼时就要开始培养的关键生活技能。虽然这种能力从某种程度上来说是遗传的——你只要看看兄弟姐妹间的差异就知道了，但它也会受到父母的镜映和反镜映作用的强烈影响。研究显示，让年幼的孩子或青少年承担责任（例如让他们做家务或做一份兼职）能够让他们自律。之所以这样，一部分原因在于父母的期待，另一部分原因在于他们能够自己做这些事情。例如，努力工作的父母会让他们的孩子也具备同样的职业道德，因为孩子经常见到父母忙于工作，所以自然就会效仿。知名歌手泰勒·斯威夫特说过："我的父母让我认识到，我不是生来就会成功的，我必须为之付出努力，而且要非常努力才行。而且有时候，即便努力了，你也达不到你想达到的目标。"

无论我们父母的出身或收入如何，他们对我们的期许和为我们做的打算都对我们选择的职业道路以及日后的成就有着非同一般的影响。研究显示，十几岁的少年通常会镜映父母的足迹，无论企业家还是店员，无论政府职员还是医生，那些父母职业"高端"的少年成年后更可能从事与父母相似的职业。2012 年，德国劳动研究所（IZA Institute of Labor Economics）发布了斯德哥尔摩大学约翰·林德奎斯特（Johan Lindquist）教授的一项调研，印证了镜映思维的影响力。通过调查瑞士被收养的孩子以及他们养父母和生身父母的职业地位，研究者发现，后天因素（养父母）对孩子的影响是先天因素（生身父母）的 2 倍。换言之，养父母和他们的"角色建模"在孩子行为方面的影响比先天因素更大。

子承父业的知名案例在各行各业都很常见。以演艺为例，美国演员唐·约翰逊和梅兰妮·格里菲斯之女达科塔·约翰逊说过这样的话："从小我就认为，除了做演员，其他的我什么也做不了。"类似的还有好莱坞女演员戈尔迪·霍恩之女凯特·哈德森（美国著名影星）以及加拿大演员唐纳德·萨瑟兰之子基弗·萨瑟兰。很多情况下，子承父业是因为孩子与父母所处的环境类似，也就是说，他们镜映的环境相似。也有些情况下是因为孩子依靠裙带关系进入了父母的行业，他们从事与父母相同的职业是因为父母已经是行业翘楚了。

也有些孩子属于"反向镜映"的情况，他们做出了不从事父辈职业的决定。不过即便如此，这也是因为他们观察了父母的从业过程，才决定不步其后尘，从某种程度而言，这比镜映思维的效果更好，因为这是孩子有意识地做出的决定。

女性通常极少涉足科研、技术、工程和数学教育（STEM），这时候父母的影响尤其重要。关注性别角色发展的理论表明，人们会认为某些角色或多或少与他们的性别相适应。2018 年在《心理学前沿》（*Frontiers In Psychology*）上发表的一项研究表明："孩子们最了解的'角色楷模'是父母。"这也就是说，父母的职业不仅会影响孩子的职业选择，还会影响他们对性别角色的认定。该杂志还引用了很多研究结果，证明了父母的"角色楷模效应"，尤其是母亲的职业角色对女儿的影响。母亲如身处领导行业、从政或从事科研、技术、工程和数学等传统观念认为的女性不宜从事的行业，女儿也会对这样的职业感兴趣。虽然微软公司的梅琳达·盖茨没有从事母亲所从事的行业，但她是受父母影响入行的典范之一。梅琳达的父亲是一名航空工程师，在 2019 年接受的一次采访中，梅琳达说过这样一席话。

关于父亲，我最珍贵的记忆是 20 世纪 60 年代末在电视上观看阿波罗号发射升空。那段时间，许多家庭都非常振奋，尤其是如果你的父亲是美国国家航空航天局（NASA）的聘用工程师。

虽然我那时候并不认识多少外出工作的女性，但我确定，我想要像父亲一样，从事一份有意思的职业。

在我认识的人里，父亲是第一个知道 STEM 从业人员多样化重要性的人。他认为，他合作过的最棒的团队就是有女性数学家的团队，所以他决定尽可能聘用女性。这一点深得我心。

从这里我们不难看出，梅琳达·盖茨为什么从事了现在的行业。虽然她可能天生就具备科学思维，但让她取得如今成就的，也少不了对父亲思想和行为的镜映以及双亲的鼓励。2000 年，纽约州立大学的心理学教授格伦·盖尔（Glenn Geher）认为，我们选择的伴侣通常跟我们的父亲或母亲相似。这能否解释梅琳达·盖茨为何喜欢上了比尔·盖茨呢？

即便父母亲从事全职工作，很多时候都扑在工作上，我们与他们相处的时间不多，但我们仍然重视父母职业的价值和意义。他们是我们的主要监护人，我们会向他们寻求指引和保护。年幼时，我们相信父母清楚自己在做什么，我们也盲目地认为他们是世界上最聪明的人，他们一定不会犯错。当然你的看法可能会改变，但在学习和成长这一特定的阶段里，你的大脑里会储存父母的观念信仰、行为模式，你会记住他们做出的抉择。从向我咨询的杰出人物中发现，他们仍然看重父母对他们的期望，而且会在某种程度上寻求他们的支持和许可，这一点让他们懊恼或惊讶。作为成人，我们仍然在意父母的意见。这些基本的神经元回路会一直存在。

成长过程中镜映父母的行为也影响了我们社交技能的培养。我们的一系列特性，如有同情心、待人和善、有合作意识，都离不开父母的影响。个性的这些方面影响了我们一生的人际交往，而人际交往反过来也为我们带来成功和情感幸福。

成为"角色楷模"型父母

我们知道，我们说的每一句话、做的每一件事，都会被孩子看在眼里。作为父母，我们是他们最重要的角色楷模。

——米歇尔·奥巴马

我研究心理学的主要理由之一，就是想了解别人的动机。我想知道，别人为什么要做他们所做的事？是什么让他们选择了那样的行为方式？这能让人们了解如何更有效率地进行沟通交流，怎样更有效率地领导团队，也能让他们变得更有自知之明，这也是我日常工作的重心。除了奠定了让我们在早期的生活中茁壮成长的镜映思维的基础，镜像神经元还有另一种重要功能。除了观察和模仿，镜像神经元还让我们理解了自己或他人为何会做出当前的行为。例如，在年幼时，你可能知道，当母亲看着窗外说："哦，亲爱的，看，天边出现了乌云。"然后她走出门去，将晾在外面的衣物收回来，这是她的动机。若有人靠近了前门，母亲往窗外看一眼，就是想知道外面发生了什么事。同样的动作，都是看向窗外，却有不同的理由。镜像神经元之所以重要，是因为它能让我们进行这样的推断。这不仅让我们了解了他人做出行为的动机，还让我们通过观察及无意识的模仿进而有了期待，我们也会采取同样的行为。在成长的过程中，我们总是在等父母教我们，他们不仅要教我们做事，还要告诉我们做出某种行动的理由。

然而，当今世界，并没有角色楷模来证实，面对电脑和手机屏幕时我们该怎样做。如今，父母们不得不探索这一未知领域。在孩童时代，我必须等到下午 6 点以后（市内电话免费）才能跟朋友们打电话，或是骑着自行车去朋友家玩。那时没有手机，也没有社交媒体。现在不同于往日，我女儿几乎不用电话跟他人联系，路上车水马龙，她也无法骑自行车去朋友家玩。与现在的很多青少年一样，她花时间发送信息给很多朋友，而不只是一个朋友。我们的父母教育我们不要跟陌生人说话，避免跟任何言行奇怪的人接触，不要上不认识的人的车。而现在，孩子们有了社交账户，通过网络，许多人都能看到他们在做什么，他们的粉丝都不露脸，他们遭受诱骗的风险很高，而作为父母，我们可能对此并不知情。在我幼年的时候，我家只有一台电视机，而且只有四个频道。当电视上出现了"不适宜（孩子）看的内容"时，我母亲就会过去关掉电视。如今，通过手机、平板电脑等设备，英国的孩子们可以在任何时候看他们想看的任何节目，这些节目可能包含暴力、性行为，可能在很多渠道中出现，可能未经任何政府机构授权许可播放。我们不知道如何管控这样的局面，因为以前从未出现过。作为父母，我们会向其他父母寻求帮助，但他们也跟我们一样不确定该怎么做。某些时候，这些设备就应禁用吗？他们应不应该拥有一部手机？他们应不应该上社交网站？他们的社交账户应该关闭还是开放？他们的卧室应该装电话吗？因为我们不知道别人如何在这个技术化的世界里当父母，所以我们没有任何相应的行为观念可以借鉴。这让我们认识到我们还缺少这些知识，我们也明白了，我们的父母不仅教了我们该怎么做，还教了我们该怎么做父母。我们也在这个新兴的技术世界里磕磕绊绊地前行，因此会在不经意间向孩子们传递错误的行为模式，比如总是看手机和电脑，躺在床上看手机，不断地给他人发短信和邮件，无休无止。作为父母，承担责任，传递我们认为对孩子有积极影响的行为习惯变得更加重要。

进一步说，镜映思维其实阐述了"按我说的做，不要按我做的做"的含义。若我们说一套做一套，孩子们就会产生误解。你可能认为这很寻常，不过人们，包括父母们，通常不按自己说的去做，而镜映思维会加深孩子的理解，因此父母对孩子的教诲会不起作用。例如，斯蒂芬妮·肖普（Stephanie Schoeppe）在为《欧洲公共卫生杂志》（*European Journal of Public Health*）撰写的一份文章中称，父母花更多的时间看手机和电脑，孩子也会花更多的时间在手机和电脑上。这项研究以及其他相关研究都证明，只是"告诉"孩子不要看手机和电脑是不够的，还需要让孩子"模仿"。换言之，观念和行为必须统一。跟看手机和电脑这种久坐行为相反，当父母示范更体力化的行为活动时，孩子们也会更活跃。研究人员解释称，孩子会受父母生活方式的影响，偶尔的体力活动，如散步和骑自行车，会变成家庭成员常用的出行方式。他们还说，热爱运动的家长更乐于提供相关设备和费用，并鼓励孩子们去运动。父母的这种角色建模，首先明确行为的意图，鼓励家人们效仿，使之成为家庭成员共有的习惯。这一切都是从镜映思维开始，通过重复和奖励的手段，使之进入神经元系统，不断巩固和加强的。

我们为孩子建立的角色楷模甚至能影响他们的身体健康。例如，北卡罗来纳大学的儿童健康体重研究组副组长安伯·沃恩（Amber Vaughn），2018 年发起了一项调研，该调研显示，父母若有意识地选择健康食品，这将对孩子的饮食质量产生积极的影响。其他的研究也证实，父母是孩子饮食方面最重要的影响者。虽然这些调研未必有多权威，但我还是要说，我和我丈夫的饮食习惯完全不一样。他的饮食以肉类和米饭为主；我的母亲更喜欢蔬菜，吃肉的时候还要加上蔬果沙拉，所以我是偏素食化的。我们的孩子则肉类和蔬果兼食。

除上述饮食之外，我们独有的各种偏好和日常习惯是受父母影响而获得的，而这也会传给我们的下一代。以我为例，在价值观念上，我和我丈夫有很多地方是一致的，包括怎样对待他人，什么事情对我们最重要等，这些观念都来自我们的父母。奇怪的是，我们认识了之后才发现，我们的父亲多年前曾是同事，所以我们在生活中很多观念相似也就不奇怪了。但在细节方面，我们还是有很多不同的。例如，洗碗碟的时候，我丈夫会把碗碟放到水龙头下用水冲洗，而我则是按母亲教我的方式：用同一碗水洗所有的餐具，先是杯子，然后是叉子、勺子、盘子，最后是盆和锅。如果你留意一下自己是如何完成日常事务的，你就会发现，你的小习惯和小偏好都是因为镜映父母得来的。你之所以跟他人吵架，是因为你觉得自己才是对的，别人跟你的价值观念不一样。你可能从未质疑过自己的日常习惯，也认为没有必要改变。你的孩子也会一直保留这些习惯直至他们成年。

认识我们所说、所做的所有事，认识我们的行为方式以及价值观念和信仰非常重要。虽然这个责任看似过于重大，不过自我们第一个孩子出生起，我们就该承担它了。你无法选择你的父母，你的孩子也无法选择你，但你是这世间在塑造孩子的大脑方面对他们影响最大的人。

我们很难总是通过角色建模传递正确的行为观念。我们也有糟糕到勃然大怒却又无能为力的时候，我们也会说一些令自己后悔的话，我们应对艰难险阻的方式并不总能令我们感到自豪，但我们可以有意识地用积极正面的方式感染孩子：健康合理的饮食搭配运动，因为这能让他们身体健康；大量阅读，因为我们希望他们也这样做；关心体贴他人，努力工作，尽量控制自己的行为。即便我们的行为方式并不是最好的，但这也能让我们的孩子明白该怎么做，这样也能让他们变得谦逊明理。

有必要了解一下自己的价值观念和人生目标，这既塑造了你的个性和生活方式，也修正了你自身拥有但未被察觉的消极特性。这些既能帮到你，也能帮到你的孩子，还能让你过得更为充实。但最终，应该由你自己来做这个决定。

自我们出生时起，父母就对我们的镜像神经元和镜像系统的形成及巩固有巨大的影响，影响我们长大后生活的方方面面，比如我们的同情心，我们所说的语言；从信仰、价值观到行为习惯以及对待生活的态度等。作为父母，我们也对孩子有同样的影响力，这可能是我们学到的最重要的育儿经验。

第二章
家人为孩子建立的"角色楷模"

兄弟姐妹效应

2016 年初秋，世界铁人三项赛（包括天然水域游泳、公路自行车和公路长跑三项）在墨西哥科苏梅尔岛举行。虽然两地有时差，但英国的电视观众还是密切关注着两位参赛的英国选手——布朗利兄弟，希望他们能再次夺冠。当时，布朗利兄弟是铁人三项世界纪录的保持者，从奥运会到世界铁人三项赛，他们赢得无数次比赛。如果 26 岁的乔尼·布朗利赢得了这次比赛，那他将卫冕世界冠军的头衔。开始，他处于领先地位，但是，在接近比赛冲刺阶段时，他突然开始摇晃起来。起初，旁人也不知道他是否只是注意力不集中，但很快，他的双腿看起来像是支撑不住了一样。他显得疲惫不堪，不断地左右摇晃，仿佛快要倒地了。他看起来状况非常不好，还剩最后 700 米的路程时，他蹒跚着到了跑道边缘。在 34℃的高温下连续骑自行车、游泳和跑步，他已经精疲力竭了。突然，他的兄长阿利斯泰尔出现在他身边。后来，阿利斯泰尔说：
"我之前在想，'太好了！乔尼在我前面，他会得到世界冠军，而我则是
亚军或季军。这一年，我们收获颇丰'。"

那时，他看出弟弟急需救助。来不及多想，阿利斯泰尔搀住了乔
尼，将他的手臂环在自己肩头，跟他一起蹒跚着走向终点。只有亨利·
舒曼跑到了他们前面，即将到达终点时，阿利斯泰尔帮了弟弟乔尼一
把，让乔尼先越过终点线，这样乔尼获得了第二，阿利斯泰尔则获得了
第三。他们的血缘关系让阿利斯泰尔不去计较自己与弟弟的输赢，而是
以弟弟乔尼的利益为先。他停下来帮弟弟，不仅放弃了获得第一的机
会，还让乔尼的名次排在了自己前面。

这是多么强烈的血缘亲情！我曾经访问过一位跟布朗利兄弟一起训
练的运动员，他跟我说过布朗利兄弟训练有多么刻苦——一直坚持沿着
跑道跑步，在约克郡乡间不停地骑自行车。通过长年累月的训练，两兄
弟不仅打好了基础，而且彼此影响了各自的态度、行为和价值观念。兄
弟姐妹间有信任和深厚的感情基础。与一个人相处得久了，你们之间的
共同经历会影响你们的生活、记忆以及个性。即便你们并不是特别喜欢
彼此，你们还是有其他人没有的共同点。成长过程中，有的兄弟姐妹假
期时间一致，同住家中，有同样的亲友；但也有些兄弟姐妹在不同的学
校就读，不住在一起，假期时间也不相同。这会影响镜映的效果吗？

我哥哥和我关系很好，刚上中学的时候，我几乎每一句话都以"我
哥哥"开头，因此遭到同学们的取笑。直到今天，一些朋友还说，那时
候他们从来没听我说过哥哥的名字。毫无疑问，哥哥对我影响深远。家
里人都说，我出生后，最先对着哥哥微笑，我们从未争吵过，他总会很
骄傲地向他的朋友介绍我是他的妹妹。过去和现在我都很崇拜他，但现

在我更多的是将他当成一个很棒的朋友。在成长过程中，我不仅把他当作偶像，而且公然镜映他的行为：他爬树，所以我也爬树；他弹钢琴，所以我也弹钢琴；他吹单簧管，所以我也吹单簧管；他做过的所有事，我也都做过。由于这与镜像神经元有关，我猜，镜像神经元受到了第一次微笑的诱导，后来，他的行为、态度和价值观念都影响了我，让我成了现在的我。我7岁时，父母离异，哥哥归父亲抚养，我则跟母亲一起生活，但哥哥仍然塑造着我。兄弟姐妹之间的情谊和信任难道那么强烈，即便分开了，对彼此的影响仍然在吗？还是我一直在有意识地镜映哥哥的行为？

决定我们镜映行为的因素复杂多变。布朗利兄弟就深深影响了彼此的生活。他们有很多相同的地方，成长过程中一直与父母生活在一起，显然，这种共同的生活轨迹奠定了他们镜映父母行为，也彼此镜映的基础。此外，布朗利兄弟一直在同一所学校就读，直到大学。因此，他们之间的共同点要比其他人多得多。即使在这样的情况下，父母仍然是孩子最主要的镜映对象，但有了兄弟姐妹，镜映的效果会更明显，因为他们巩固了从父母那里承袭来的偏好、习惯和生活方式，还相互影响。我们可以看出，他们的基因构造是不同的，阿利斯泰尔的头发颜色更浅、更蜷曲，他比乔尼高一点，他们的个性也不一样。一次，接受《独立报》采访时，阿利斯泰尔开乔尼的玩笑，说："我叫他'小矮人'。他真的很无趣。他更容易紧张、焦躁，性子更急。"乔尼也说："是的，阿利斯泰尔更……随和。"

他们的这些不同之处让他们的相似之处更有趣了。这些共同特性不只归功于家庭和环境的影响，更多的是因为他们镜映了彼此。乔尼说过："毫无疑问，他（阿利斯泰尔）对我影响深远。他第一次参加国际比赛获奖后，我就在想，'我也要像他一样'。后来我们一起为我们生命中最重要的比赛做准备，他一直引领着我前进。我并不总是跟他意见一致，但我们毕竟是兄弟。"彼此能产生这样的影响，显然是因为社交距离近——他们沟通频繁，相互依赖，这让他们对彼此产生了深远的影响，让彼此非常相似，乃至做出一致的人生决策。

1996 年，宾夕法尼亚大学的苏珊·麦克黑尔（Susan McHale）教授进行的一项调研显示，孩子 11 岁后，有 33% 的空闲时间是与自己的兄弟姐妹度过的，这比与朋友、老师甚至父母相处的时间要多得多。这一现象一直延续到青少年期，那时虽然我们已经能够独自参与很多活动了，但平均每天有一多半的时间我们是跟一位兄弟姐妹在一起的。这段时间很长，不过我们通常都不考虑这对我们的行为方式和个性产生了怎样的影响。我们做研究的时候，最重要的事就是要听他人兄弟姐妹的故事。我们与兄弟姐妹的情感关系能够决定我们成年后的许多事，从学业成功到在社会环境中与他人沟通，甚至能决定我们的健康状况。

仔细思考一下，兄弟姐妹能影响我们生活的方方面面。回顾你自己的成长过程，看看你的父母以及你父母的父母的成长过程，看看你的侄子侄女或朋友的孩子，你就会发现兄弟姐妹对所有人都有影响。我认识的很多企业高管，他们也有兄弟姐妹是企业高管，很多心理学家也有从事心理学专业的兄弟姐妹。现实中有很多兄弟姐妹对彼此产生影响的案例。在体育界，网球运动员就可以举出三例：塞雷娜·威廉姆斯和维纳斯·威廉姆斯姐妹、安迪·穆雷和杰米·穆雷兄弟、马拉特·萨芬和迪娜拉·萨芬娜兄妹。其他运动领域也有很多案例，如库尔特·布希和凯尔·布希（纳斯卡赛车）、乔尼·布朗利和阿利斯泰尔·布朗利（铁人三项）、维塔利·克里钦科和弗拉基米尔·克里钦科（拳击）、贾斯汀·莫文和乔丹·莫文（沙滩排球）、尔凡·帕坦和优素福·帕坦（板球）、小梅尔文·阿普顿和贾斯汀·阿普顿（棒球）、贾里姆·拉什和布兰登·拉什（篮球）、阿迪·萨维和朱利安·萨维（橄榄球联盟）。除了体育运动员，还有商人的案例，如运动品牌阿迪达斯的创始人阿道夫·达斯勒和运动品牌彪马的创始人鲁道夫·达斯勒；电影界有本·阿弗莱克和卡西·阿弗莱克，约翰·库萨克、安·库萨克和琼·库萨克，等等。

　　除了共处的时间、共同的情感联系和相互信任，我们很难理解兄弟姐妹怎么会对镜映和我们所能感知的一切有如此大的影响。我工作中特别关注兄弟姐妹是如何相互影响学业的。例如，人决定要上大学，通常是因为见到哥哥或姐姐通过努力学习进入了大学。我丈夫就读的大学就是他的两个哥哥曾就读的那所，上文介绍的布朗利兄弟也是如此。可能你的哥哥或姐姐是家里第一个接受高等教育的，所以上大学自然而然地成了你的不二目标，或者你决定是否要学习某些课程是因为你的哥哥或姐姐喜欢或不喜欢某些课程。2019 年，约克大学的切蒂·尼科莱蒂（Cheti Nicoletti）教授进行了一项调研，证实了上述现象的部分理由。尼科莱蒂和她的团队调查了英国 230 000 对兄弟姐妹的受教育程度，通过 4 年的调查研究，他们检验了心理学家们提出的学术成就的"溢出效应"（Spillover Effect），即某个人的表现对其兄弟姐妹有冲击性作用。尼科莱蒂并不是心理学家，而是经济学家，她还揭示了这种影响的另一种有趣功效——这种影响太强势，我们有理由从经济学角度进行研究，而且能产生切实的结果。尼科莱蒂发现哥哥或姐姐学有所成会对弟弟或妹妹的学习产生积极影响，她还证明，这些影响相当于家庭每年为每位弟弟或妹妹的教育多投资 1000 英镑 [1]。如果哥哥或姐姐成绩优异，那么他们对弟弟或妹妹的影响最大，研究者们称之为积极的学习态度、价值观念和行为产生的镜映效果。这从表面上看是很可贵的——哥哥或姐姐会在学业上帮弟弟或妹妹，让成绩不太好的弟弟或妹妹产生竞争意识，让他们拥有与哥哥或姐姐一样的成绩，或取得比哥哥或姐姐更好的成绩。这种镜映行为是无意识的、在不经意间产生的。这种影响甚至不用太多的互动就能感知到，这是因为镜映思维按照哥哥或姐姐的行为方式为弟弟或妹妹提供了标准或基础。

不仅在学业上有这种"溢出效应"。镜映、尝试各种不同行为模式、感知行为模式造成的结果，并调整行为，这对一个人的心智也有更深入的影响。我们再来看一看成人的生活，跟你相处最多的人——同事，就像你的兄弟姐妹一样，你一天要跟对方相处好几个小时，他是你最好的朋友和伙伴。这些人际关系有高潮，也有低谷，有关系好的时候，也有糟糕的时候。想一想我们孩提时代跟他人建立的关系，那时你还不理解这个世界是如何运作的，还不知道社交关系的作用，还不懂得控制自己的情绪和情感，不懂得有意识地控制你所镜映的东西。在生命的初期，你的大脑还不够成熟，还不足以控制微妙的情感关系，更不用说有意识地决定自己的行为方式了。你更无法控制让你心烦、沮丧或惹你生气的事物，不清楚自己该怎么处理这些事情，因为你大脑观察探索区的前额叶和应激反应区之间的联系还没有完全成熟。你将你的兄弟姐妹当成伙伴、对手、知己，无论在家里还是在外面你都会拿自己与他们进行比较。这些互动以及孩子的成长需求在我们的内心世界和外部世界都产生

---

[1] 约合人民币 8739.64 元。——编者注

了情感上的剧烈波动。从这一观点来看，我们不难明白，为什么兄弟姐妹间的每次交流，无论好的还是坏的，都能告诉他们关于合作的知识，让他们明白自己和他人的行为会产生什么后果，让他们学会解决问题和协商的办法，这还可以让他们练习并融入社会生活。你可能会观察兄弟姐妹是如何与父母、朋友、亲人、老师合作的，然后模仿他们的行为，在自己的社交环境中也这样尝试。随着时间流逝，这样的行为培养出了我们的镜像系统。我们一直在用这样的方式交流沟通、提高社交技能。因此，与兄弟姐妹共享生活经历，看他们的行事风格，这能够让你更擅长社交，更容易与他人沟通，并且会助你在生活的各个领域获得成功。

这种持续性的社会和情感沟通也能够帮助我们建立同理心，这是一种从童年期就开始形成的关键技能。要培养同理心，就先要让人明白自己的情绪感受，然后渐渐明白他人的情绪感受。多年的研究证实，有哥哥或姐姐的人的同理心更强。然而，2018 年的一项研究证实，这种影响力是相互作用的。加拿大多伦多大学的心理学家马克·詹博（Marc Jambon）和谢里·马迪根（Sheri Madigan）博士一起进行了一次大规模的调研活动，访问了 452 对兄弟姐妹，探究兄弟姐妹是否会对彼此同情心的培养产生影响。这些调研对象是"孩子、家庭和社交场合"（Kids, Families and Places）项目的受访对象，有不同的社会经济背景，其中还包括一个 18 个月的孩子和他 4 岁的哥哥。詹博想知道，这些兄弟姐妹的同理心会不会在 18 个月之后发生变化。起初，所有参与者的母亲完成了调查问卷，接受调查的孩子们在家里与研究人员的互动被拍了下来。研究人员假装因某心爱之物破碎了而难过，或者因撞到了膝盖，开包的时候被剪刀夹到了手指而受伤，然后，研究人员用问卷和孩子的行为及面部表情评估他们同理心的强弱。18 个月后，研究人员重复了上述实验。结果跟之前相比有了惊人的变化：年长的哥哥与姐姐和年幼的弟弟与妹妹的同理心在 18 个月内都增强了。接受《科学日报》的采访时，詹博说："即使考虑到每个孩子早期的同理心水平和家庭状况，比如父母的教育方式或家庭的社会经济地位——这些因素可以解释兄弟姐妹之间的相似性，但结果也没有变化。"

这些结果能够让我们更深刻地认识兄弟姐妹对彼此的影响。兄弟姐妹对彼此成长的影响远比我们认为的要大得多，而且这种影响并不只是哥哥或姐姐对弟弟或妹妹的。詹博也说："虽然哥哥或姐姐和父母是弟弟或妹妹成长过程中最重要的影响者（这种作用并不会反过来影响哥哥或姐姐），但我们发现，哥哥或姐姐和弟弟或妹妹都能促进彼此的同理心增强。"

在学校里，哥哥受伤的时候妹妹可能不会来帮忙；姐姐可能抱怨妹妹"根本不懂我的感受"，即便在更愿意隐藏自己感受的兄弟之间，通常也会更愿意与兄弟分享自己的伤痛和焦虑而非与朋友分享。这些行为、观察和讨论都会随着时间的推移而逐步深化，产生研究人员所称的重复影响。此外，科学家们非常确定，同理心深深植根于镜像系统之中，我们之后会详细探讨其中的机制。

然而，兄弟姐妹间的镜映产生的结果并不都是积极正面的。例如，布朗大学精神病学教授理查德·伦德（Richard Rende）在 2005 年进行了一项调查研究，研究了人们吸烟的习惯。用美国国家青少年及成人健康的纵向研究，伦德综合遗传因素以及兄弟姐妹的亲密度和吸烟频率来考察一千多对兄弟姐妹的吸烟习惯。研究证实，兄弟姐妹的亲密度、彼此间的信任和情感，以及彼此相处的时间，对青少年的吸烟频率有重要影响（排除了遗传和父母及其他同伴吸烟情况的影响）。伦德的研究还发现，喝酒和过失行为的增多也与兄弟姐妹间的信任和情感联系相关。其他一系列相关研究也证实了上述结果。

研究还发现，兄弟姐妹甚至对怀孕也有影响。如果姐姐在少女时代就怀过孕，那么妹妹在少女时代怀孕的概率会大大增加。我们都认为，一旦离开了家，有了自己的生活，那么兄弟姐妹的影响会减少。前文提到，父母对孩子的影响是持久的，兄弟姐妹间也如此。2010 年进行的一项特别且惊人的研究调查了挪威 11 万对兄弟姐妹，发现姐妹们在怀第一胎的时候会彼此影响——姐妹中的一人怀了孕，那么不久之后另一人也会怀孕。同性兄弟姐妹间镜映的影响更大，这是经过一系列调研得出的结果。姐妹或兄弟间的镜映效果比兄妹或姐弟间的效果更明显，毕竟，我们天生就跟同性别者更亲近，尤其在成长过程中。

大多数情况下，兄弟姐妹间的镜映是无意识的，但有时候，人可能会有意识地试图探索自己要走的路，想尽可能地跟自己的兄弟姐妹不一样。摘得 2016 年里约热内卢奥运会的金牌和银牌之后，布朗利兄弟的出镜率很高。网上恭贺的评论如潮，但有一位网友提出了很重要的一点，却完全被忽略了。一位网友说："阿利斯泰尔·布朗利和乔尼·布朗利还有一个弟弟，名叫爱德华·布朗利，我猜，他现在正坐在家里的沙发上，边喝啤酒边看电视。"另一位网友写道："如果你认为你的兄弟姐妹光芒过盛，请想一想爱德华·布朗利。"爱德华比长兄阿利斯泰尔小 7 岁，也喜欢运动，不过他喜欢的是英式橄榄球，学的专业却是兽医。他说过："小时候，我在家乡也参加过铁人三项的比赛，不过我可不想像哥哥们一样，成为职业选手。"反向镜映的作用效果就是这种不想跟哥哥或姐姐一样的心态，这时候，他们完全意识到了哥哥或姐姐正在做的事是什么，然后决定从事不一样的活动。他们可能选择不上大学或选择与哥哥或姐姐去不一样的学校，以作为对哥哥或姐姐的挑战。如果兄弟姐妹中的一个弹奏小提琴，另一个可能会想成为跑得最快的运动员，这是他们故意为之的，他们有意识地吸引父母的关注，希望父母将他们视作独立而不同的个体，让父母看见他们取得的成绩。在学业上，他们可能选择与兄弟姐妹不一样的课程专业，刻意选择与兄弟姐妹不一样的职业，生活在国内的另一个地方或去国外生活，他们以此作为反抗，显示自己的独立，或只是活出自己的精彩人生。每个人的内心状态都与兄弟姐妹不一样，当我们反向镜映兄弟姐妹的行为时，这种内心状态就塑造了我们自己。

但是，那些非常极端、经常与兄弟姐妹争吵，而不将他们当作效仿对象，创造了自己别样人生的人是怎么回事呢？因为兄弟姐妹的光芒过盛而开始讨厌他们的人又是怎么回事呢？在电视剧中，这种兄弟姐妹间的关系通常被夸大不少，但现实生活中的确有这样的案例，例如琼·芳登和她的姐姐奥莉薇·黛·哈佛兰。传闻，她们的不和持续了 40 多年，是因姐妹俩都被提名为 1942 年的奥斯卡金像奖最佳女演员而起的，最终，琼·芳登获得了这一殊荣，奥莉薇·黛·哈佛兰为此恼怒不已，双方的关系自此恶劣起来。还有绿洲乐队（Oasis）的连恩·盖勒格和诺尔·盖勒格兄弟俩，他们经常在舞台上打架。后来，连恩解散了乐队，诺尔因此起诉了他，双方的矛盾激化，情感和信任不再，相互的镜映自然也消失了。然而，在这种情况下，兄弟姐妹间的纽带仍然会促使彼此做出某些行为，无论镜映行为还是反向镜映行为，他们这样做出于不同的立场，且理由充分。

德国兄弟阿道夫·达斯勒和鲁道夫·达斯勒的故事就是上述情况的知名案例。他们最初一起努力，用母亲在家时用的洗衣房成立了一家不错的制鞋公司，名叫达斯勒兄弟运动鞋公司。在 1936 年的柏林奥运会上，他们生产的鞋子出现在运动员脚上，他们的公司一夜扬名。然而，兄弟俩却因为误会而产生了嫌隙，他们之前的所有努力就此泡汤。1943年的一次炸弹袭击中，阿道夫和他的妻子进入了鲁道夫及其妻儿藏身的地方，并对他们说："可恶的家伙又来了。"阿道夫本来是指空中的战机，但鲁道夫认为阿道夫指的是他和他的妻儿。混乱的状况使两兄弟对彼此失去了信任。鲁道夫后来被美军俘虏，他认为是哥哥阿道夫告发他的。兄弟关系破裂，家庭也随之分崩离析——他们的母亲跟鲁道夫在一起，而妹妹则支持阿道夫。鲁道夫搬到了河对岸，两兄弟将家产一分为二，从此再也没有往来。后来，阿道夫用自己获得的商业股份创办了阿迪达斯品牌，这个商标名结合了他的名和姓，鲁道夫一开始也按照同样的方式用自己持有的股份创办了鲁达（Ruda）品牌，后来更名为彪马。

在《运动鞋战争》（*Sneaker War*）一书中，荷兰作家、记者芭芭拉·斯米特（Barbara Smit）介绍了这对兄弟之间的竞争和敌对关系。德国短跑运动员阿明·哈里（Armin Hary）通常穿阿迪达斯的运动鞋，他向阿道夫提出，1960 年奥运会时，他会穿着该品牌的运动鞋上场，但阿道夫应该给他支付报酬，而之前阿道夫从未给他付过钱。阿道夫拒绝了这一要求。阿里·哈里转而去跟鲁道夫谈，鲁道夫承诺，只要他穿彪马品牌的运动鞋上场，就付给他钱。那一年，他穿着彪马品牌的运动鞋赢得了百米短跑的冠军，但他出现在领奖台上时，却换了阿迪达斯的鞋子。斯米特写道："凭借敏锐的商业头脑，阿明·哈里希望能用同样的方法两边获利"，却并没有奏效，阿道夫非常生气，拒绝了所有奥运冠军再次为自家的品牌代言。这反映出两兄弟在事业上的竞争关系、他们之间的冲突如此激烈，致使他们居住的小城黑措根奥拉赫也一分为二，彪马在河这边，阿迪达斯在河那边。据传，当地居民一度习惯了看彼此脚上的鞋来决定要不要跟对方说话。直到 2009 年，两家公司才终止了长达 60 年的冲突，这时，两家公司的创始人已过世多年。在阿道夫和鲁道夫的案例中，双方的竞争和敌对关系影响了两兄弟的行为，造成同一城里出现了两家优秀的制鞋公司，后来又都成了国际巨头。兄弟俩在镜映和反向镜映彼此。由于镜映彼此，所以两家公司在很多方面都有共同点，比如创新方法，他们都在足球鞋上拧入大头钉作为装饰。双方都声称这是自己的创意，不过，在 1954 年的世界杯赛上，是阿道夫让这一创意扬名世界的。双方的敌对关系就这样一直存续着，双方都不看好彼此，他们相互憎恶，但这两家公司一起成长发展，拥有相同的记忆、价值观和信念。两兄弟的互帮互助虽然最终变成了敌对竞争，但要是没有最初的互帮互助，他们还能有后来的成功吗？争端使他们有意识地做出了对公司更加有效且明显的行为，当然，这些行为一直在他们的控制范围之内，这证明了镜映和角色建模的效果有多好。即便两兄弟关系好，竞争意识也会主导他们的行为，一部分原因是这种行为是他们有意识地做出的。例如，爱德华·布朗利就这样评价他的两位哥哥："他们都知道，没有彼此，就没有现在的自己。"布朗利兄弟之间是友好竞争的关系，他们的竞争是无恶意的，表达的是对紧张训练的满足感，两兄弟享受训练时彼此的陪伴，但双方也利用这种陪伴的机会相互比较、竞争。我们并不能确定，让阿迪达斯和彪马都获得成功的究竟是不是达斯勒兄弟对彼此的憎恶，但兄弟姐妹间的关系，无论积极的还是消极的，都对我们有非凡的影响力，而且这种影响可以持续一生。成年后，我们通常会跟父母相处 40 ~ 50 年，但跟兄弟姐妹相处的时间可以长达 60 ~ 80 年。

　　如果你是家里唯一的孩子，读到这里你可能会认为："嗯，这里说的跟我没有任何关系。"那么，没有兄弟姐妹会对你和你的大脑产生何种不同的影响？

　　研究人员找了很多独生子女，进行了多次测试，并用功能性磁共振成像（fMRI）技术对受访者的头脑进行扫描。结果显示，独生的孩子思维更加灵活，这表明他们更有创意，但人格测试表明，他们的亲和性更低。从神经扫描的结果来看，独生的孩子大脑中掌管语言的区域更大，但掌管情绪和情感的区域较小。父母对其学习的关心更集中于创造力和语言水平方面。研究人员还称，独生子女情绪和情感能力较低可能是因为家庭成员"过度关注"，较少与外部社会打交道，成长过程中更注重固定不变的活动。这项研究主要反映了特定的文化群体在特定时间内的状况，尽管如此，它还是提供了强有力的证据，证明了有或没有兄弟姐妹可能产生的影响。

　　这种影响在不同地方的不同人群中产生的作用也不相同，却并没有那么大的差别。例如，我母亲就诞生于第二次世界大战（后文简称"二战"）期间，是家中的独女。她虽然也参与了不少固定活动，却并没有得到家人的过分关注，家人们希望她能成为一个独立自强的女性，于是她经常外出参与活动，也跟社会各阶层的人们打过交道。成年后，她很有魅力，很擅长社交。上述独生子女研究的结果表明，在任何文化中，孩子镜映的对象不同（无论父母、兄弟姐妹还是更宽泛的社交群体），将对孩子产生不同的影响。童年和青少年期有没有兄弟姐妹陪伴，当然会影响孩子行为、社交和情感的培养和发展。正如谢里·马迪根在谈及她与詹博一起进行的对同情心的调研时说的那样："我们的发现侧重于关注所有家庭成员对孩子成长产生的影响的重要性。"

代代相传的智慧

　　说起其他家庭成员，我们就要考虑祖父母对我们的影响了，这很有趣。工业革命之前，人们通常生活在大家族之中。祖父母、父母、孩子、叔叔、婶婶、舅舅、舅母、姨父、姨母，以及堂、表兄弟姐妹，即便不住在一起，相互间的关系也很亲密。现在，某些国家仍然如此，但一些国家中出现了旅行和搬家的情况，家庭结构转变为核心家庭（指由父母和至少一个孩子构成的家庭），家族成员间的联系变得不那么频繁、深入。结果，许多人离开了家人，开启了自己的独立生活。加之人的平均寿命变长，如今，祖父母也开始发挥重要的作用，但他们的地位与从前相比有一点儿差异。

　　我公公婆婆的居住地距我们家很远，但他们常与我们一起度假，在我们因公事或私事外出时，他们也会帮我们照看女儿。祖母对女儿们来说很重要，她接她们放学，带她们参加各种活动，在她们过假期而我需要工作时，每周至少陪她们一天。在许多家庭中，祖父母在照看孩子方面发挥着更重要的作用。我认识一些在职妈妈，她们表示，在父母们都外出工作时，祖父母则承担了家中的所有事务。

　　据估计，在澳大利亚，12岁以下的孩子中，约1/5是由祖父母照顾的；而在美国，学龄前儿童有1/4是由祖父母照顾的；在英国，由于有祖父母帮忙，照顾孩子方面的开支每年能省157亿英镑。虽然在不同国家和不同家庭中祖父母发挥的作用并不相同，但显然，总体来说，他们在照顾孩子方面扮演着重要角色。

　　在日常生活中，我也认识到了自己母亲对我的孩子的观念和行为产生的影响，尤其是对我最小的孩子。我听到她经常镜映外祖母说的话以及外祖母持有的观念、态度，频率之高令人惊讶。她到哪里都会鹦鹉学舌一般重复我母亲说过的话。例如，我母亲激发了她对大自然的热切兴趣，6 岁的时候，小女儿就知道了很多我都没听过的花的名字。她对天气的知识以及生活的态度，都来自我母亲。她居然还拥有一种离奇的本领，只要看看天上的云，就知道是否会下雨，这一点让我和我的大女儿都觉得很有意思，当然，这也要归功于我母亲。两个女孩都跟外祖母感情好，都很信任她，经常与她说心事，比对祖父母和外祖父的感情都要好。因为她是我母亲，所以我自然跟她感情很好，很信任她，加上我可能也在很大程度上镜映了她养育我的行为，这也对我的女儿们产生了叠加式的影响。我很小的时候并不常见到祖父母，但我祖父对我说过的很多话至今都对我有影响。他对生活一直怀有强烈的渴望，与人打交道的方式、态度一直都是积极正面的，他说过的话总是在我耳边回响。即便他已经不在世了，我现在仍然在镜映他的观念、态度和行为。

牛津大学育儿与儿童研究中心主任安·布坎南（Ann Buchanan）教授进行过一次调研，结果显示，祖父母参与育儿更频繁，孩子的幸福感更强。布坎南调查了 1500 名儿童后发现，成长过程中祖父母参与程度高的孩子，其行为和情感问题更少。2017 年，开普敦大学的韦德·彼得森（Wade Peterson）和劳伦·怀尔德（Lauren Wild）对某国青少年的心理健康和吸毒情况进行了调查。结果显示，即便考虑到父母对孩子的影响，祖父母也能影响孩子是否做出忠实于既定道德准则的行为。我们认为，这是因为祖父母也会给孩子提供支持，并为他们树立正面、积极的榜样。具体来说，这种角色建模似乎能够提供一系列社会互动风格以及"移情行为模式"，青少年可以在自己与他人相处时效仿这些行为。研究表明，社交 - 情感是祖父母和孙辈之间相互影响最直接的途径，其作用超过了由父母"调节"的基因。换言之，为镜映提供更多机会的是情感联系、信任和彼此的接触，而非遗传基因。老年人通常会带给孩子更传统的价值观念，例如尊重他人，重视教育，树立良好的工作作风等，这显然对孩子有积极正面的影响。

但祖父母的影响也并不都是积极正面的。祖父母也会因为将不好的行为习惯传给孙辈而感到内疚，他们相互接触的频率很高，所以对彼此的信任度也极高，感情深厚，所以祖父母感到内疚也很自然。以斯蒂芬妮·钱伯斯（Stephanie Chambers）博士为首的格拉斯哥大学的研究人员对孙辈抚养变化的潜在影响很感兴趣。他们非常大胆地宣称，祖父母可能在无意中促进了癌症等非传染性疾病的传播。从来自 18 个国家及地区的 56 项调研结果来看，祖父母的行为习惯可能潜在影响了孙辈的健康状况。这些调研都反映出祖父母的习惯对孙辈的体重、饮食、体力活动和吸烟状况有"不利影响"，这一结果令人惊诧。例如，父母们提醒祖父母不要在孩子面前吸烟，而祖父母们通常不会听从这些建议，而这就给孩子进行了"角色建模"，增加了孩子以后吸烟的可能。在体重和饮食方面，祖父母对孩子的影响更大。大部分研究显示，这是因为祖父母在为孙辈喂食的时候总是过量提供食物，而且不鼓励他们进行活动。也许祖父母们知道自己在做什么，却似乎不明白这样做会对孩子产生什么影响。钱伯斯博士总结称，这些行为导致孩子在幼时就接触到了这些可能导致其成年后患癌的风险因素，所以他们患癌的风险就大大增加了。2019 年，美国新泽西州罗格斯大学的妮莉·埃利亚斯（Nelly Elias）对 356 对祖父母进行了调研，这些祖父母至少每周要照看一次年龄为 2 ~ 7 岁不等的孙子。他们发现，在平均 4 小时的调查时间里，孩子们要花 2 小时看电视或在电子设备上玩游戏。父母们担心使用社交媒体会对孩子的成长和幸福产生消极影响。专家们认为，这反映了我们缺乏关于社交媒体的知识，也不了解社交媒体，同样，父母们也不懂得新科技，不知道怎样对待它，祖父母们就更不知道了——因为别人没有向他们传递过这样的行为。

然而，总体而言，祖父母对孩子的积极影响还是多过消极影响。我们的长辈拥有关于世界的知识和智慧，没有相同体验的人是无法拥有的，这也是他们的经历对后辈的成长如此重要的主要原因之一。在老年人日益被忽视的世界，祖父母的角色反而更加珍贵。忽略老年人，我们将丧失获得更多知识以及社交和情感认知的大好机会。

老年人的智慧曾经指导人们建立社会团体，使每一天都有几代人的互动活动发生。如今，我们不再进行那样的活动，但我们继承了他们的知识。在我们发展速度极快的现代社会中，我们不太可能倾听那些有不同时代成长经历的人的话，也更不会去考虑这些人的想法及观念。他们经历了一生的磨炼，掌握了关于人类行为的"永恒"真理，有很多东西值得我们传承。祖父母与兄弟姐妹一样，是我们重要的镜映对象，对我们影响深远，我们通常会忘记或忽略他们对我们造成的影响，但是，当我们足够幸运能够拥有它们时，它们会对我们产生巨大的作用。他们有意识地进行角色建模，让他们的模范作用更加稳固。他们讲述的故事增强了我们对他们的情感，他们为我们付出的时间和耐心也增加了他们对我们的影响。

叔叔阿姨效应

我们生命中的另一大主要影响来自叔叔与阿姨。我的丈夫不熟悉他的祖父母，他只在很小的时候见过一次祖父母和外祖母。但是，他与叔叔和阿姨相处的时间很长——他母亲家里有 9 个孩子，父亲家里有 5 个孩子，虽然他们分散在世界各地，但我丈夫成年之后仍经常参与他们的聚会，用邮件、电话、书信跟他们联系，给他们寄各种包裹。很容易就能看出，虽然他们相距遥远，但与长辈们的这种沟通交流方式，也影响了他的个性。他们相互信任，彼此感情很深，持续的联系也使彼此有了比较深入的了解。不过当然，这种了解的深度和情感的深厚度不能与有面对面沟通的人的感情相比，因为非面对面的沟通交流直接限制了接受者大脑受到的影响。当青少年被问到谁是他们的角色楷模时，他们显然会先说父母，然而被问到祖父母和兄弟姐妹谁是次于父母的重要影响者时，孩子们给出的答案却不相同，还有些人称，叔叔与阿姨对他们的影响仅次于父母。

某些家庭成员对我们的影响，尤其是充当父母角色的人对我们的影响，被认为是青少年成长的关键促进因素之一。我母亲是独生女，但她母亲的姐妹对十几岁的她产生了重要影响。我的姨外祖母一生未婚，"二战"期间曾在电话局工作，这让她保持着经济和社交上的独立。她坚强的个性和坚信一切皆有可能的信念影响了她的一生。我母亲在成长过程中，接受的是她独特的熏陶，我的外祖父母不知道该怎样，更确切地说，他们甚至认识不到要建立重视教育或努力生活的角色楷模。他们的父母没有给他们建立这样的角色楷模，所以他们当然也不会为孩子建立这样的角色楷模。建立角色楷模需要付出有意识的努力，可能需要某人以某种方式提醒他们，强调其重要性。我的外祖父十二三岁时就离开了学校，他们的工作原则就是：为了维持基本的生活，他们必须低下头，忠实于工作。我母亲的姨母却有不同的生活观念，她经常照顾我母亲，也花了很多时间考察我母亲各方面的知识，测试发音、乘法口诀，带她参与各种教育活动，这些激发了我母亲炽热而坚定的天性。

　　叔叔与阿姨的影响通常是积极的，你可能会想到自己和叔叔与阿姨的故事，但也并不总是积极的。例如，一些对家庭状况不那么优越的孩子的研究发现，叔叔与阿姨和堂、表兄弟姐妹是最可能误导他们的人。弗吉尼亚大学的诺埃尔·赫德（Noelle Hurd）博士热衷于研究青少年健康成长这项工作课题，2011 年，他开展了一项调研，研究被边缘化的孩子的角色楷模对他们造成的积极和消极影响。赫德的角色楷模行为和青少年暴力研究显示，叔叔与阿姨做出的消极负面行为会增加青少年的暴力倾向，加重他们的焦虑和抑郁程度，更容易让他们成瘾，对学业失去兴趣。当他们的角色楷模参与反社会行为活动时，青少年会做出侵犯性行为，更倾向于使用暴力。如果青少年见到他人因参与街头暴力活动而获得了权势和尊重，情况会更加糟糕。赫德认为，青少年更容易因为经常见到反社会行为而沾染上恶习。这一研究也证明，角色楷模经常做出亲社会行为会缓解青少年的暴力倾向，产生积极的效果。

　　从整体而言，在不那么边缘化的社会中，叔叔与阿姨在塑造我们的大脑方面发挥着重要作用，他们不是以直接的方式影响我们的。接受《纽约时报》的访问时，康奈尔大学的儿童成长专家乌里·布朗芬布伦纳（Urie Bronfenbrenner）是这样说的。

　　当孩子有需要做出改变，但成人不方便帮助他们的时候，最重要的是要有另一位大人来扭转局面。年轻人只能对关心照顾他们、与他们关系特别亲密的人（也就是家人）这样做。叔叔与阿姨就是这样的家人，因为他们与孩子有血缘关系，却不跟他们住在一起，所以他们的亲近与疏远是同时存在的——他们都是大家庭的一员，却不住在同一个家里。

　　大多数的研究证实，除了父母，对我们影响最大的人是我们的兄弟姐妹和祖父母，次于他们的，则是我们的叔叔与阿姨和堂、表兄弟姐妹，不过其影响力究竟如何，显然要由个人成长的环境来决定。只有你了解自己的情况，他们与你的情感深厚程度、相互信任度和接触频率会影响他们对你发挥作用的效果。虽然这些人的影响力之大可能超乎你的预料，而且通常是无意识地对你产生影响，但有时候，这种影响只是你们相处产生的效应。每一种环境都是独特的，环境造成的影响是复杂多变的。确定的是，我们的亲属对我们以及我们为人处世的方式有深远的影响。下一章我们将探讨另一类虽然不常在我们日常生活中出现，却同样对我们影响深远的人群。

第三章
为什么要有朋友

我曾告诉过你，我想让你成为重要的人，因为你也让我成了重要的人，你让我成了大家都会记住的人。

——克莱德对邦妮说的话[①]

1930 年 1 月，在美国得克萨斯州达拉斯城郊区的一次别墅聚会上，两个年轻人一见钟情，坠入情网。女主角名叫邦妮·帕克，19 岁，是一位身材纤细的金发少女，虽然出身贫穷，但穿着考究。男主角克莱德·巴洛，20 岁，长相俊美，走路时大摇大摆，趾高气扬，任性，胆大妄为。这对情侣后来领导了现代最臭名昭著的犯罪团伙之一，他们在美国到处游走，抢劫银行、店铺，释放囚犯，一路上杀害了不少人。从他们相遇时起，他们就密不可分了。

---

① 克莱德、邦妮为电影《雌雄大盗》中的男女主人公。正文中提到的克莱德、邦妮的故事同样来自这部电影。——编者注

我们都有过这种朋友，令父母担心他们会对我们产生不好的影响，邦妮·帕克和克莱德·巴洛就是一个这样的案例。邦妮的母亲对她选择的伴侣深感失望，也曾多次告诉她，克莱德并不适合与她相伴，但邦妮对男友十分专情，认为自己的新角色就是"一位通缉犯坚定的支持者"，她认为这样的生活很刺激。

邦妮的母亲是一位受人尊敬的女性，邦妮以前也是一个勤于工作的好女儿，那她是怎样变成一个心肠冷硬的罪犯的？这个巨大的转变都是因为她身边有个身为通缉犯的男友。她之所以从一个普通女孩沦为通缉犯的女友，并不是因为她某一天醒来突然发现罪犯的生活还不错——这种颠沛流离的生活与她曾经渴望的好莱坞或百老汇的舞台相去甚远。只有在她认识并接受克莱德，并且决定跟随克莱德之后，才会去模仿克莱德的行为。为了接受并适应这种身份上的巨大变化，她还必须知道要做什么，怎样去做，这也是她的镜像神经系统发挥作用的时候。

邦妮和克莱德相识于青少年时期，这通常指十二三岁到二十岁出头的年纪。在这一时期，我们已经开始远离父母为我们创造的避风港，准备成为独立的年轻人了，这时的我们很有必要更深入地了解和认识我们所处的世界了。有意思的是，加利福尼亚大学的洛克·韦尔伯恩（Locke Welborn）进行的一项神经学研究证明，在青少年时期，父母对我们的影响仍然是最大的，但这些影响大多体现在价值和道德观念上，对日常的社交行为而言，同龄人对我们的影响更大。在青少年时期，我们的"社交大脑"才会真正成长、成熟。

加利福尼亚大学洛杉矶分校的副教授阿德里亚娜·加尔文（Adriana Galván）解释说，青少年因他们信服的理由而参与社会活动，或向有需要的朋友提供支持，以此来促成改变。从进化的角度来看，这是因为青少年有必要为了成为独立的个体而离开家庭这一安全区，扩大自己的社交范围，成为社交场上能够影响群体的积极分子。

心理学和神经科学副教授伊娃·特尔泽（Eva Telzer）最近证实，在这一阶段，我们大脑的可塑性、社交性更强，因此更容易受社交环境的影响，所以同龄人做出的行为对我们的行为影响最大。邦妮与克莱德确定关系之后，就经常跟他还有他的狐朋狗友在一起。每见到一种行为，她的大脑就会镜映它，将它储存在自己的神经系统中。为了镜映她从她的伙伴那里听到和看到的言行，大脑中的神经元回路得以重新构建。因此，她会做出更极端的犯罪行为，这些行为也就逐渐成了她"日常生活"的一部分，她实施这些行为的能力也会得到巩固。镜映思维的运作方式就是早在她做出犯罪行为之前，她的大脑中就储存了很多关于犯罪行为的信息。

社交大脑

神经科学越来越多地被用于研究社会行为。神经学研究的好处就在于其探索的不只是人做出的行为结果，而是大脑的实时反应。这些研究支持了之前对人类大脑独有的那部分——主管社交互动的"社交大脑"的研究探索。大脑这一部分主管人与人之间沟通交流要用到的神经元系统，包括主管面部表情、肢体语言、眼球活动以及其他心理状态，如欲望和意图的神经系统。这让我们能够预测他人会为了理解别人的感受和行为而做出什么事来，并选择恰当的应对方式，这对促进相互理解、维持与他人的良好关系、做出亲社会行为来说非常重要。所有这些都能推动社会发展。我们是社交性动物，需要在群体中生存，因此，我们的大脑会刺激、引导我们这样做。在现代社会，大脑让我们融入社会这个集体，在职场和家庭中生存、生活。

社交大脑包括我们大脑中的多个不同区域，所以很难给它一个具体的定位，举一个例子来说明，就是我们大脑中主管面部表情的区域对我们的沟通交流很重要，我们能够知道外部环境中的各因素是怎样刺激这一区域的。从进化的角度而言，恐惧感是一种让人保证安全的相当重要的心理反应。有的人看到仇敌就会感到害怕，而有的人还没见到仇敌就惊恐不安，这是有道理的。这让大家更加警惕，如果受到袭击也能更快做出反应。纽约大学心理学和神经科学教授伊丽莎白·菲尔普斯（Elizabeth Phelps）发现，恐惧感可以由直接的体验经历激发，也可以由其他方式激发，如语言警告或观察他人反应等。菲尔普斯的研究证实，通过社交获得的恐惧感，如看到其他人露出害怕的表情，于是自己也感到害怕，与因直接的经历体验获得的恐惧感（看到仇敌或直接与仇敌接触），使用的是同样的神经机制。这两种情况都会引起大脑中主管情绪和情感的杏仁核这个部分相似的活动。这种情感体验会被见到他人面露恐惧表情的人镜映，它并不是恐惧感产生的源头，也就是说，它并不是由所谓的仇敌引起的。

我们通过神经科学更清楚地认识了大脑神经回路的工作机制，尤其是社交大脑的工作机制，这让我们了解神经系统产生的变化，让我们明白同龄人、父母和其他因素是怎样影响我们大脑的决策机制的。例如，研究表明，同龄人对我们的影响会刺激我们大脑中一个非常活跃的部分，也就是让我们思考自己和他人的神经系统，主管这一系统的皮层组织位于镜像神经系统中。

这样不难看出人类大脑的可塑性有多强。我们在青少年时期感知和认识到的一切已经开始构建我们的个性，决定了我们成人后的人际关系，决定了我们在社会中扮演的角色以及我们的主要情感和兴趣所在。
我访问他人的时候总是先从他们青少年时期开始回顾，然后逐渐问到如
今的生活状况。我认为，青少年时期，同伴们对我们成人后行为、观念
的影响之深超乎想象。以在巴黎长大的法国人杰罗姆为例来说明吧。他
过去一直以为，很大程度上是因为得到了父母的鼓励和支持，他才想要
进入汽车行业。杰罗姆用自己的话描述了他在上学时是怎样跟"时尚达
人们"相处的——那是他当时的生活方式。离开学校后，他因为接受过
专业的训练，获得过相应的机会，而开始在一家知名汽车公司工作，不
过，不到一年他就离开了那家公司，开始为某奢侈品牌公司工作。现
在，他是一家大型百货公司的采购总监，正如他常说的那样，他一直在
与那些跟他一起长大的"时尚达人们"打交道。

回顾自己的青少年时期，如果你能真正客观地看待那些过往（用你
大脑的观察探索区），你就会明白身边的人是怎样影响你的。青少年时
期，我们不想承认自己会被任何人吸引，我们认为自己是自立自强的，
但这时候的我们比任何时候都更容易受到同龄人的影响。你是否记得，
十几岁的时候，谁曾影响过你的生活，他们是怎么影响你的？现在是否
仍然对你有影响？

青少年更容易受到风险因素的影响不足为奇。因为他们渴望获得同
龄人的认可，为了融入集体，他们会采取一些非常激进和危险的行为模
式。邦妮和克莱德就是这样的典型案例。这是一种进化驱动力——对我
们的祖先来说，在这个年纪成为群体的一部分很重要，能够增加生存概
率，能够保障安全和繁衍。这种归属感通常与为了获得认可而出风头的
需求同时出现。例如，伦敦大学认知神经科学教授萨拉-杰恩·布莱克
莫尔（Sarah-Jayne Blakemore）于 2018 年展开了一项调研，该调研显

示，青少年在朋友的关注下玩模拟驾驶游戏时，会乐于冒更大的风险。神经影像图显示，这是因为大脑中主管奖励的区域（腹侧纹状体）活动频率增加了，这"怂恿"了我们，让我们在面临更大风险的时候，也镜映了更有挑战性的行为。大脑的反应方式支持和鼓励风险，而不是保守行事，遵循在以后的生活中能发挥更强指引作用的道德准则和信念。大脑构造对激反应区的反应更强烈，这一区域更倾向于关注即时的小奖励，而不是与意义和目的相关的更大或更长期的奖励。

克莱德镜映了身边其他人的行为。他的长兄是一名通缉犯，有一次，克莱德进了监狱，之后，他的朋友圈里不守法律法纪的人越来越多了。因此，无论他做出多么极端的行为，都是镜映了身边人行为的结果。成人之后，这种镜映效果进一步巩固，后来，他又多了一位想要吸引的女友。澳大利亚昆士兰大学的心理学家理查德·罗尼（Richard Ronay）和威廉·冯·希佩尔（William von Hippel）在 2010 年时进行过研究，证实了这种情况可能对人产生的影响。他们进行了一项实验，探究男人在面对一个很漂亮的年轻女人时，生理上会发生什么变化。在布里斯班一处特别的滑板公园中安放好设备之后，研究者对 96 位平均年龄为 22 岁的男性滑板运动员展开了测试。测试时，心理学家们要求运动员选择一个容易的滑板动作（通常情况下他们都能做好）和一个难一点儿的滑板动作（他们仍然在学习，而且只有 50% 的概率能做好）。他们每个人每个动作做 10 次，有一位男性研究人员帮他们录像。经过短暂的休息之后，他们被要求再次做 10 次上述两个动作。有些运动员由男性研究人员拍摄第二次动作，有些运动员则由女性研究人员拍摄。按照公认的标准来看，研究人员们认为罗茜是一位很有魅力的女性，长得很漂亮（两边的脸部对称，眼距是面部宽度的一半，双眼和嘴巴的距离正好是面部高度的 1/3）。罗茜完全不知道这次测验的条件，也不知道她之所以能参与测验是因为大家都认为她很漂亮。她的漂亮得到了滑板运动员的认可，很多人都对她的容貌给出了正面评价，有些人甚至还打听她的电话号码。这项测试中最重要的一点是，罗茜为他们录像时，滑板运动员通常会选择难度更高的动作。研究人员还发现，罗茜观看的那些滑板运动员比男性研究人员观看的运动员的睾丸素水平要高得多。这次实验不仅证明了大脑应激反应区的大量活动（由更简单的行为模式驱动），也证实了年轻男性为了吸引漂亮的年轻女性甘冒受外伤的风险。

相反，2010 年布莱克莫尔进行的另一项研究显示，男性睾丸素水平较低与同情心水平过高有关。这表明，虽然年轻人会更倾向于镜映同龄人更具风险性的行为，但镜像神经系统（也用于产生同情心）可能会因为睾丸素水平过高而受到"阻碍"。结果，这样的年轻人就会只专注于一件事，而不会进行更宽泛的考虑，不会仔细思考做这件事可能带来的风险。他们只镜映他人的行为，而忽略了人们解读他人行为时会产生的细微变化。如此一来，他们在社交和情感方面会变得盲目。

虽然青少年时期是最健康的发育时期之一，但根据美国国家健康统计中心的数据，在美国，从儿童期到青少年期，孩子的患病率和死亡率增加了 300%，每年有超过 70% 的青少年死于如鲁莽驾驶这样的冒险行为。冒险是不可避免的，但这并不总是不利于人的，它还能促进神经元系统的健康发育，让青少年成长为独立的成人，并确定他们的个性。问题是，怎样才能让青少年避免消极的冒险，转而进行积极的冒险，如攀岩、山地自行车和武术等看似有"风险"的活动，或是参加竞技体育或需要身体力行的活动？这些活动本身有失败的可能性，因为它们本身就是冒险活动，但也提供了让人建立自尊、自信以及获得成长、成熟的机会。研究显示，参与体育运动的少女比从不参加运动的少女在十几岁时怀孕的概率小了一半以上。其他有益的活动包括从事社会事业，或在校内外参与职位竞选。就连交朋友也有遭遇拒绝的风险，人也会因进行新的尝试而感到担心、害怕。如果你在青少年身边，请注意自己的行为方式，因为他们的镜映思维已经成熟，可以做你所做的任何事情，所以，你希望他们不要效仿你的哪些行为？

跟我一样的人

大量研究表明，青少年会选择跟自己相似或相同的人交朋友，也会主动维持与这些人的友情关系，成人也是如此，不过关系没有那么紧密。前面介绍的邦妮和克莱德在家庭背景、观念和个性方面有很多共同点。他们都厌倦了自己现有的生活方式，都对自己的社会地位感到沮丧，都渴望过上以反常的方式获得刺激的犯罪生活。他们双方的个性都很活跃、任性，都属于外向型性格。在《一起堕落：邦妮和克莱德未曾透露的真实故事》（*Go Down Together: The True, Untold Story of Bonnie and Clyde*）中，作者杰夫·吉恩（Jeff Guinn）提出，克莱德是那种"很容易交朋友的社交型男孩"，邦妮和克莱德都渴望刺激，这让他们相互吸引。由于他们镜映彼此的行为观念，他们之间的相同之处也越来越多了。在美国的学校展开的调研显示，即使是学校这种多样化的地方，也会产生群体一致化。非洲裔美国学生只跟非洲裔美国学生交朋友，欧洲裔美国学生只跟欧洲裔美国学生交朋友；富人只跟富人交朋友，穷人只跟穷人交朋友。这被称为相似原则，也就是说，人们更倾向于与跟自己年龄、种族、性别相同，财产和收入相当的人交朋友，而其中，民族和种族是影响力最大的因素。正如人们说的那样，"物以类聚，人以群分"。《纽约时报》专栏作家大卫·布鲁克斯（David Brooks）就写过邻里之间为什么会有培养相同爱好和兴趣的趋势的文章。布鲁克斯以亚利桑那州和内华达州的新城郊地区为例进行了说明："这些地方最初整合得很合理。这些地区最初没有什么名气，所以人们会以最经济的缘由来选房子。随着当地的发展，居民们体现出了不同的个性特征（来自不同的地区的人开始分开，择地群居），然后出现了分裂。"别人跟你是一样的吗？总体而言，一致化会让彼此角色建模的效果更强，当人们见到跟自己一样的人时，就更容易去效仿他们的行为。

除了相似原则，我们知道，那些容易被同伴影响的人更容易出现吸毒和酗酒的问题，也更容易交到同样具有危险行为习惯的朋友。2002 年的一项研究进一步证明了这一点。佛罗里达州立大学医学院教授安东尼奥·特拉卡诺（Antonio Terracciano）和心理学家保罗·科斯塔（Paul Costa）对 1600 多人展开了调查，发现吸烟者总体上有某些特定的个性特征，而且吸烟这种行为最初也是他们通过镜映他人行为（通常是同伴的行为）获得的。他们具备的特征包括不能抵抗欲望（表现为非常容易冲动）、寻求刺激、缺少耐性（自律性低）、不仔细思考自己行为可能产生的后果（冲动的另一种表现形式）。

热情友好的青少年

关注同伴对我们造成的影响的研究，着重于揭示镜映的消极行为及其后果，但是，因为与青少年打交道的人从很大程度上决定了青少年镜映的行为和观念，所以积极正面的角色楷模会让他们受到更积极的影响。现代研究已经证实，看到同伴做出亲社会的行为时，青少年也能够镜映这些行为来帮助他人。2016 年，荷兰莱顿大学大脑和成长研究中心的高级博士后研究员乔里恩·范·霍恩（Jorien van Hoorn）进行的一项研究表明，当 12 ~ 16 岁的少年做出的亲社会的行为得到同伴的认可时，他们更会发扬这种行为。匹兹堡大学的心理学副教授索菲亚·乔卡斯 – 布拉德利（Sophia Choukas-Bradley）和同事们发现，12 ~ 15 岁的青少年看到其他同学在自愿帮助社区里的其他人时，也会效仿这样的行为。这种镜映思维的使用被称为"模仿式利他主义"（Imitative Altruism），也就是说，镜像系统既能对消极行为做出反应，也能对积极行为做出反应。这种反应能发挥积极作用，甚至能够限制如危险驾驶这种消极行为的影响力。例如，研究社会和文化因素对青少年大脑发育影响的心理学家和神经科学家特尔泽发现，有一位"谨慎小心的同伴"在一旁时，年轻人开车时更不容易冒险，更能够安全驾驶。学业也可能通过效仿更有建设性的方式而得到提高：接触的同伴刻苦努力，那么青少年会以他们为榜样，提高课堂出勤率和学习成绩。

社会"规范"

成人也能看到身边的镜映行为，除了像邦妮和克莱德那样受年龄和荷尔蒙影响而做出的冒险行为，我们也会镜映其他行为。成年后，我们仍然会受社交大脑的影响，容易亲近那些跟我们相似或相同的人。想不到的是，作为成年人，我们的大脑总是在无意识的情况下愉快地镜映他人。我们认为，这更可能发生在青少年身上，看一看他们经常做出的那些令人诧异的极端行为就知道了，但事实上，在管控自己的观念、态度方面，青少年比成人更主动、更有意识。对于成人来说，为了更有利于自己的生存，无论职场环境、社会环境，还是跟朋友相处，融入环境至关重要。这个世界是新鲜的、千变万化的，所以，作为青少年，我们通常都在有意识地镜映。作为成人，我们却认识不到这一点，就像认识不到时光如何流逝一样。这世上的一切都在改变，我们也在随之改变，例如，多年后，你穿的牛仔裤是青少年时穿的那种款式，还是你的穿衣风格已经发生了改变？如果你现在穿的款式改变了，那你是有意识地做出改变的吗？我们的镜映系统通常在不经意间调整我们的行为或态度。因为从众或与同伴结盟的需要，我们的行为和态度不断被周围人塑造。我们讨论过的影响青少年的因素、机制同样会以一种意识不到的方式，潜移默化地影响我们。这有点儿像水龙头里的水滴入被堵上的水槽，看起来每滴水只有一点点，但积少成多，水最终会溢出水槽。我们认为自己长大成人后就不会再受他人的影响，这种想法有点儿自大，事实上，潜意识的影响可能更致命。职业自行车选手泰勒·汉密尔顿（Tyler Hamilton）注意到了这些因素如何长时间地影响一个人。在他的书《潜在的比赛：环法自行车赛背后隐藏的世界》（*The Secret Race: Inside the Hidden World of the Tour de France*）中，他这样阐述了团队内部关系的紧张程度："这世上没有比在自行车队中更好的友情关系了……其他运动员喜欢称自己的团队成员为'家人'，在自行车队中尤为如此。"

泰勒·汉密尔顿在美国马萨诸塞州的一个小镇上度过了童年时代，那时他的生活平凡而稳定。他认为父母在他成长过程中并没有对他提出太多的要求，只告诉他"无论什么情况都要说实话"。他的父母将诚实当作核心价值观念，每一次做家庭决策都秉承这一原则。

众所周知，自行车赛是一项很难参加的运动。这项运动有一种非官方的保密规则，被称为 omertà，指不向内部运动员之外的任何人透露信息。简而言之，顶级的自行车赛就像一个封闭、排他的俱乐部，会员人数有限，遵循的是不成文的规则，只有内部人士才能明白。汉密尔顿成为职业自行车手后，花了好几年的时间才进入这一圈子内部，这时，他也看到了这项运动背后更阴暗的一面。运动员在体育赛事中禁止使用兴奋剂，所以当汉密尔顿看到团队成员服用兴奋剂时，他感到十分震惊。他决定顶住这种压力，认为要赢并不需要依靠兴奋剂。这也让他被排除在精英自行车手的圈子之外。三年间，他顶住了这种压力，后来有一天，他接受了非法药剂的"帮助"。汉密尔顿称，自那时起，"我就做了之前许多人做过的事，我融入了这一集体"。2010 年，他按要求在洛杉矶法院出庭，为针对兰斯·阿姆斯特朗（Lance Armstrong）的兴奋剂调查提供证词。直到这时，他终于向陪审团承认，他服用过兴奋剂。他为自己做过的事感到非常羞耻，直到 2011 年才跟家人坦白了这件事。他跟邦妮和克莱德不一样，他不是一个容易冲动的、急于逃离某种生活状态的青少年，他是一个成人，任凭自己的镜像系统采取了自主的、没人引导的镜映行为，他对自己做的不合道德规则的事视而不见。斯克兰顿大学的杰西卡·诺兰（Jessica Nolan）博士和同事们进行的研究表明，社会规范对我们的态度、观念和行为有非同寻常的影响力，但我们通常认识不到这种影响有多么深远。从心理学角度而言，我们中的绝大多数人都会为了适应环境而调整自己的行为，但不一定都是负面、消极、极端的，而且，大部分人不会公然无视群体规则。制造问题或让他人不开心的人，通常很快就被排除在群体之外。这种基本的从众心理，就连那些觉得自己有强烈的个人主义倾向或不愿从众的人都会具备。心理学家指出，所谓的不从众行为本身就是一种群体行为：当我们排斥或反抗主流意识或行为时，几乎都是为了融入另一个群体。我们在日常生活中经常看到这样的案例，从那些为彰显个性而文身的人到选择特定的服装款式和发型的人等。我们通常会接受那些自认为很排斥的社会规则，镜映的行为观念也是我们根本想不到自己会被影响的那种。唯一的应对办法就是真正停下脚步,观察周围环境,有意识地对周围的世界保持好奇心,做决定的时候要小心。

神经科学让我们了解面对社会规范时我们头脑中发生的反应,这能让我们知道我们是怎样镜映周围环境的,让我们知道邦妮和克莱德是怎样被那些跟他们接触的犯罪分子影响的。巴塞尔大学经济心理学研究员、讲师瓦西里·克鲁恰列夫(Vasily Klucharev)2009 年对此展开了一项有趣的调研,他要求受调查者评估不同人的面孔的魅力程度。受调查者给这些面孔打分后会知道每张面孔的平均得分,然后他们再次按要求给这些面孔打分。第二次的打分结果有了显著的改变,大多数人都改变了自己的评分,以靠近大家的平均评分。虽然受调查者改变的程度不一样,但所有人都做出了一定的改变。有意思的是,克鲁恰列夫的研究显示,当受调查者认识到自己的打分跟其他人的打分有差异时,他们大脑中的"误差信号"就被激活了。这反映出,当我们的反应跟群体不一致时,大脑就会提醒我们没有镜映身边其他人的行为,这样是"错误"的,我们需要通过调整行为来改正"错误",与其他人保持一致。

研究还显示,当我们与他人意见一致时,大脑中的奖赏回路会被激活。2010 年,丹麦奥尔胡斯大学的神经科学教授丹尼尔·坎贝尔-米克尔约翰(Daniel Campbell-Meiklejohn)与伦敦大学学院的心理学教授克里斯·弗里斯(Chris Frith)用音乐品位来研究镜映周围环境时大脑的奖赏机制。他们发现,人们会为了与群体中的其他人保持一致而重新选择自己喜好的音乐类型或改变对某首歌的重视程度。当他们为了与他人保持一致而调整自己的偏好时,大脑中的多巴胺回路就会被激活。因此,我们的大脑工作机制会确保自己同意并镜映他人喜欢的行为,即便这种行为不是我们自己喜欢的。这一点在邦妮和克莱德的故事中也得到了印证，以他们在监狱时的一件事为例。克莱德想要改过自新，尽全力去争取体面的生活，但在监狱中的一位朋友来看过他、给他介绍了新的犯罪"业务"后，很快，他就恢复了职业惯偷的生活，偷盗了一家银行。大脑的观察探索区需要付出相当多有意识的努力来克服这些因素的影响。科学证明，当我们镜映的是我们的同伴和好朋友时，镜映的影响力要更大一些。

我曾为不同的组织机构服务过，所以见到了很多不经意间镜映彼此不同行为的成年人，也看到了不同环境中不同人之间的鲜明对比。他们其实并不清楚他们的穿着、吃饭时去的餐厅、买咖啡时去的店铺，都受到了同事的影响，甚至他们说的话也是工作地所特有的。这就是从众的案例，是镜像系统无意中让我们适应了环境，这会让我们觉得自己被集体接受了，让我们觉得有了这种最基本的人类需求——归属感。

虽然在职场上有归属感是好事，但与身边人保持一致的做法也会造成问题。例如，"按自己的条件招聘"就强化了一致性的工作模式，这个问题非常普遍，而且似乎总会让人们陷入困境。即便是高层领导者，也需要提醒自己，他们总有一种亲和倾向，也就是会在无意中偏向与自己态度、信仰、价值观和能力相似的人。这不是一种刻意的行为，而是我们所有人潜意识下做出的行为。然而，职场中的多样性对于促使人们发挥最佳的职场表现至关重要。全球咨询公司麦肯锡公司进行的一项研究显示，多样化的工作环境比非多样化的工作环境的成效要好35%。对这些现象有深刻理解的商业心理学家也认为，在对应聘者进行评估之前，招聘者有必要提醒自己关注上述内容。我个人的问题是，我对双板和单板滑雪同样热爱，如果在招聘时遇到有同样喜好的人，我必须有意识地克制自己，以免在做决定时受影响。

你是你最亲近的朋友的镜子

亲近的朋友和同伴对我们行为的影响能从对肥胖的研究中得到验证。这证实了某些或许是最令人惊讶的日常事例：我们的同伴对我们有很深远的影响，以及我们在很大程度上无意识地镜映了我们在意的人。肥胖就像"病毒"一样传播，这的确印证了镜像系统是怎样在我们无意间进行日常工作的。哈佛医学院的希腊裔美籍社会学家、医学家尼古拉斯·克里斯塔基斯（Nicholas Christakis）花了 32 年对此进行了调研（1971—2003 年）。他和他的团队对 12 067 名受调查者的社交关系网进行了详细的调查分析，包括他们有哪些朋友、有多少兄弟姐妹、跟谁结了婚，甚至跟谁是邻居等。令人惊讶的是，他们发现，当一个朋友变胖时，人们变胖的可能性提高了 57%。如果双方的关系很亲近，那么其中一人变胖，另一人变胖的概率竟然提高了 71%。这种影响力更多来自社交距离亲近度，而不是地理位置上的远近。换言之，若双方关系亲近，那么即便住在不同的地方，他们也会对彼此的行为、态度产生深远的影响。克里斯塔基斯说："通过观察周围的人，你改变了自己对可接受体型的看法。"不难看出，这还会影响你的其他行为，如怎样穿搭衣物、去哪些商铺购物、怎样装饰房间、买什么款式的车以及去哪里度假等。这些都会受到同伴的影响。其他传染性的行为也是无意识地通过镜像系统传播开来的，如有外遇、焦虑、做出财务风险决策等。

好在积极正面的行为传播对成人和青少年的影响也比较大。例如，学习他人亲社会的行为会增加人们行善的概率，在进行游戏活动时也会更公平、公正。想一想巴黎圣母院遭遇大火后，两家奢侈品牌的所有者弗朗索瓦 - 亨利·皮诺特（Francois-Henri Pinault）承诺捐出 100 万欧元用于重建，很快，主管某时尚品牌的阿尔诺家族决定捐出 200 万欧元，贝当古·梅耶尔家族也捐出 200 万欧元，世界各地的百万富翁们也捐出了很多资金。这些人都是在镜映同行的行为。

我已经知道这种积极正面的镜映影响力在组织机构中会有多么强大的效果。乔恩·R. 卡岑巴赫（Jon R. Katzenbach）和齐亚·汉（Zia Khan）在《哈佛商业评论》上联合发文称："大型企业中的职员在引导企业内部其他同事行为改变方面发挥着重要作用……无论与多少同伴进行正式或非正式的交往，他们都是一股不可忽视的力量。当他们相互尊重时，他们会听取彼此的意见，从彼此身上汲取经验，并暗中支持彼此，从而形成通用的观点，产生能量去完成某事或阻止某事发生。"企业随时都在发生变化，总是在寻找方法让雇员全身心投入，即"让他们进入内部"。如何让员工参与到变革中来，是来我这里咨询的管理者们孜孜不倦地关注着的问题。除了交流，那些精明的人做的就是通过镜像系统的这种内隐机制激发员工的积极性。我的一位客户通过设置价值代表这种简单机制有效地实现了这一点。从雇员中选择热情的、积极的影响者，他们在工作中会调节所有人的价值观念，让大家都认识到，为什么他们不仅对公司的全面成功很重要，而且对公司中所有员工都很重要，也让他们知道他们能在自己的领域为公司的发展做什么事。这不仅让这些"代表"们产生了积极的影响力，让他们都参与到树立价值观的工作中来，还对其他员工产生了强大的影响力，让他们在企业内部广泛传播积极正面的行为和观念。

不过，这对你而言有什么用？简而言之，这是你应该关心的地方，无论做出的决策行为是有意识的还是无意识的，你都应该注意这种行为是否符合集体的价值观念。无论你有没有意识到，同事们都会对你产生积极或消极的影响。你可能见到某位同事做了你认为不对的行为，例如，他对服务员很粗鲁、不尊重对方，那么你潜意识中的价值观念会告诉你，这种行为是不对的。即便你的镜像系统镜映了那种行为，你也不会这样做。然而，如果你总看到这种行为，甚至变成了生活常态，那你的大脑就不会再提醒你这是错误的行为，你就会效仿这种行为。正如我们在很多案例中看到的那样，这会造成毁灭性后果。

如果你想要健康饮食，那就与饮食习惯健康的朋友相处；如果你想成为行业内的领军人物，那就与一位已经在事业上有所成就的朋友相处。有证据表明，如果你有朋友是成功的企业家，那么你也可能成为那样的人。例如，企业家史蒂夫·乔布斯（Steve Jobs）和史蒂夫·沃兹尼亚克（Steve Wozniak），或者亨利·福特（Henry Ford）和托马斯·爱迪生（Thomas Edison）这样的发明家。实际上，历史上有很多通过友情相互影响的案例。音乐家沃尔夫冈·阿玛多伊斯·莫扎特（Wolfgang Amadeus Mozart）和约瑟夫·海顿（Joseph Haydn）就相互崇拜彼此；女星埃拉·菲茨杰拉德（Ella Fitzgerald）和玛丽莲·梦露（Marilyn Monroe）关系密切，菲茨杰拉德将自己遇到的重大转机就归功于梦露；作家维吉尼亚·伍尔夫（Virginia Woolf）和凯瑟琳·曼斯菲尔德（Katherine Mansfield）总是会一起讨论作品主题，并尽己所能让对方成为最优秀的作家。上述这些人都在自己的领域里对彼此产生了积极的影响。主动选择并接触那些你想要相处的人，你也能像他们一样成功。

然而，对于那些行事方式与你想要的行为方式不一样的朋友，你也不会马上与他们断交。例如，你不想增肥，但也不会马上就跟一位正在增肥的朋友终结友情；有一位朋友另结新欢，这与你的价值观念不同，但你不会马上就决定不再见他。你能够辨识他们的行为并选择是否要效仿，这个决定权在你自己手中。

镜像系统对青少年乃至成年人身份和价值观的形成有重大的影响。认识到这一点的人都知道父母、祖父母、叔叔与阿姨做出的消极行为会给青少年造成极端的影响，会带来令人担忧的后果。这种消极影响不仅有可能毁掉他们的人格，还可能让他们参与犯罪，做出各种对身体健康不利的行为。后文，我们将了解现在流行的社交媒体平台对同龄人角色建模的消极影响，以及它们是怎样"强行控制"了我们的镜像系统，阻碍大脑的健康发育的。

这种影响并不都是不利的。只要了解了同伴的积极影响力是怎样影响他人的，知道了青少年和成人对镜像系统的理解，我们就能做出巨大的改变。例如，让学业优异的学生鼓励其他学生投入学习，提高自己的成绩；让表现良好的学生影响其他同学，号召他们反对学校霸凌。对于成人来说，其他亲社会行为习惯可以通过理解镜像系统来培养，比如维护气候变化倡议、鼓励公司内部的积极变革等。

从个人层面而言，理解与同伴相处时镜像系统的工作原理能够让你更清楚自己镜映的人和事。清楚自己想要什么，不想要什么，你才能向想要的生活前进，你的日常生活才会大大改善。

Mirror Thinking

镜映教给我们什么

*The Unconscious Power
of Role Models*

第四章
站在你的角度思考

"圈内人" 或 "圈外人"

2010 年，瑞典心理学家和神经科学家格里特·海因（Grit Hein）在维尔茨堡大学进行了一次调研，探索"圈内"和"圈外"群体沟通交流时，人脑使用的神经生理学机制。格里特·海因调查了一些足球迷，目的是了解这些球迷是否愿意去帮助"圈内"和"圈外"遭遇痛苦的人，其中，"圈内"成员指跟他们支持相同球队的球迷，"圈外"成员是跟他们支持的球队有对立关系的球队的球迷。

受访者看着"圈内""圈外"两组球迷接受电击，然后接受了大脑扫描。他们可以有以下三种选择。

第一，选择分担承受电击者一半的痛苦，帮助自己这一队或对手球队的球迷。这会让承受电击者的痛苦减半。

第二，在他人承受痛苦时不去帮忙，而是去看球赛录像，因为看球赛能让人不再关注那种痛苦。

第三，在他人承受痛苦时不去帮忙，只是看着对方。

格里特和她的同事们认为，同情心能让受访者去帮助经受痛苦的人，事实也的确如此。他们还认为，人在面对"圈内"成员时比面对"圈外"成员时更容易表达同情，事实亦如此。受访者帮助对手球队的球迷减少痛苦的可能性更低。值得一提的是，通过研究大脑内部的激活模式，他们发现，受访者们不仅对对手球队的球迷更没有同情心，而且看着对手球队的球迷经历痛苦会激活受访者大脑的奖励中枢。令人担忧的是，"圈外人"经历痛苦，居然会让人感到开心。

我们已经进化为更喜欢、更关注"圈内人"，而不是"圈外人"，这样做的原因很简单：不合群会造成心理上的抑郁。从这方面来说，我们跟其他动物很像。每个人的社交能力可能各不相同，但我们天生是社会人，渴望被他人接受。研究表明，人们总是偏向于自己圈子内的人，而不是圈子外的人。一个人表现出不寻常的个性特征，比如喜欢对人冷嘲热讽，或者穿搭风格古怪，如果这个人是我们的"圈内人"，我们就会下意识地接受他，认可他，但如果他不是我们的"圈内人"，那我们就会将他身上这种不寻常视为缺点。

"缺乏同情心会加剧冲突和人类痛苦"，这一推论已经得到了证实，因此，我们需要学习去同情他人，而这种学习体验会影响我们大脑中与同情心有关的神经中枢。海因还探索了我们能否学习去同情"圈外人"。

为了了解大脑中主管学习和主管同情心的区域间的联系，格里特和她的团队用"瑞士原生群体间的冲突"进行研究。受调查者跟瑞士裔的人（圈内人）及经常受到歧视和排挤的巴尔干人（圈外人）组队进行实验。通过痛苦体验实验，海因和同事们证明，与圈外人共同体验的积极经历会促使神经元做出正面的回应，提高人的同情心水平。其他的相关研究也证实，当我们更了解他人时，他人遭遇痛苦时我们的同情心也就更强烈。

作为一种心理现象，同情心深深植根于亲社会行为和社交行为中。同情心就是这样让我们在不知不觉中将注意力投放到其他"圈内人"身上去的，相反，我们也能用它来克服排外倾向。《社会心理学百科全书》（ *The Encyclopedia of Social Psychology* ）称，"empathy"（同情）这个词源自德语词汇 einfühlung（同情），字面意思是"情感移入"，也就是"将自己置于他人的境地，理解对方的体验和经历"。

世界各地的各种数据显示，人们的同情心水平在逐渐降低，例如，2018 年舆观调查网（YouGov）发表的一份调查显示，自开始脱欧 ① 以来，51% 的英国人认为自己的同情心水平下降了。加拿大社会心理学家、印第安纳大学同情与利他主义研究跨学科计划总监、博爱学副教授萨拉·康拉特（Sara Konrath）于 2010 年进行的一项研究显示，年轻人的同情心水平更低。1979—2009 年，同情心水平降低了 48%。同情心既有助于维持和平的国际关系，也有助于建立良好的人际关系，我们可以相互分享经验，相互理解，相互帮助，所以它对我们非常重要。同情心加深了我们相互的理解，让我们能够与他人建立情感和信任。同情心让我们明白他人有多么脆弱不易，从而对他人的不同需求做出回应，因而我们也能够知道怎样给予他人希望。这对任何致力于慈善事业的人来说都很重要，尤其是它能让我们快速理解别人的遭遇，因为其他方法尚不可行，比如建立情感联系的时间不够充分。

涉及实际生活中的同理心研究时，一个受到极大关注的领域是医疗

① 指英国脱离欧洲联盟计划。——编者注

保健领域。医生和护士只要告诉我们，一切都会好起来的，他们就给了我们无限的希望，让我们有了一种动力，相信只要照顾好自己，我们的病情就会好转；但同样，他们只要轻率地评论一句或是提一些不可靠的建议，就能很快让我们丧失希望。我们受病痛折磨很久了，他们的鼓励有时会让我们这样想："也许我没那么痛苦，也许我就要好了？"即便是作为父母，我们明确地知道孩子的身体状况不好，但医生和护士鼓励的话会让我们认为："也许孩子的情况没那么糟？"专业的医护人员会通过语言和肢体行为，在病人没有意识到的情况下，对病人产生巨大的影响。这些社交互动对我们来说是一个转折点，它们可以在几天、几周甚至几年后对我们的生活产生极大的积极或消极影响。例如，一位护士平均每年要接待 1000 名病人，那么这位护士就能通过积极或消极的沟通刺激 1000 名病人的大脑，进而影响他们的生活。

假设你是一位在国外旅游度假的游客，肚子痛了好几天。你已经服用过常规的止痛药了，但并不管用。时间久了，你开始感到担心。你很虚弱，无法继续旅行。你去了当地一家药房，但不会说当地的语言，因此你用手机上的翻译软件，带上了你的小词典。可无论你怎么努力，都无法让药剂师理解你说的话。你实在太痛了，无法集中精神去用一种并不擅长的语言进行解释。你觉得痛得无法忍受，你很无助。当你回到住地时，你有气无力。你的一名同伴在海滩上玩乐了一天，回到房间时发现你倒在了地上。当你醒来的时候，发现自己在医院里，身边人都在用一种你听不懂的语言叽叽喳喳地交流。你不知道自己究竟怎么了，也不清楚要怎么问他人。你只想回家，但你根本不知道你能不能回得去。

当你因躺在床上时间太久而感到厌烦的时候，一位护士到了你身旁，握住了你的手，看着你的眼睛，露出温和的微笑。她看起来很温暖、很关切，也很体贴。她的目光没有离开你，看着你的时候你觉得非常安心。她不会说英语，因此你仍然不知道自己究竟怎么了，但她的神态让你感觉憋在心底的一口气终于排出来了，你的身体非常放松。虽然你们仍然有语言和文化方面的障碍，但你也不知道为什么，就是相信这位护士，就是觉得更有希望了。她和你见过的其他人有什么不同？这件事的本质是什么？我们能怎么帮助处于这种境况中需要帮助的人？另外，这件事跟镜映思维有什么关系？

这位护士的不同之处在于，她有同情心。她看着你的眼睛，看着你对她做出的回应以及表达感受时的细微动作，就读懂了你的情绪。她触碰你的手，感知你的反应，并做出相应的回应。我们都有过积极和消极的情感体验，你跟我一样清楚这些体验会带给我们什么样的感受。然而，问题在于，同情心很难理解，我们很难给它下定义。除非是自然而然产生的，否则想要学会同情就更难了。同情心虽然是正面的、积极的情感，但也可能表达失误，使表露出这种情感的人承受不住，痛苦不堪。很多与关怀他人有关的行业的从业者都会遇到这种情况，例如社会服务志愿者、急救和医护人员等。如果有人因为没有"正确"使用同情心而做出了歇斯底里的行为，即便他们本意是好的，也会产生消极的后果。

镜像神经元与同情心之间的关联是科学家在研究猴子的"亲和沟通姿势"，也就是能增加两个动物或两个人之间亲密度的非语言行为时发现的。人的亲和沟通姿势可能是拥抱或亲吻，这样的行为只能对关系亲近的人做，它能够加深彼此间的感情。研究人员发现，当猴子看到同类或者人做出纯社交式的行为动作时，它们的镜像神经元就被激活了。当研究人员对着猴子咂嘴或噘嘴（对猴子来说，这些都是友好的社交行为）时，猴子大脑中相应的镜像神经元就会被激活，即便它们不做出与研究人员一样的行为，也能观察和感知研究人员的行为。神经科学家们认为，人类大脑中这一同样的机制能让我们感受他人的感受，这为培养人类真正独特的能力——与他人加深联系的能力奠定了基础。若别人在哭，即使我们自己并没有哭，我们也能感受到难过和悲伤；如果有人在笑，我们可能也会笑出声来，或者心情会更好一点儿。

对人进行同样的实验是不可行的，因为为了测量大脑中单个神经元的活动，研究人员移除了这些可怜的猴子头顶的部分骨骼，这为研究结果提供了详细且准确的细节，使学者们能够明确猴子大脑中的变化以及这些变化是如何发生的。然而，神经科学家们已经能够在更宽泛的层面上观察人类大脑的运作机制，甚至能通过某些独特的案例探索这些机制对单个神经元的作用。

1999 年，多伦多大学神经外科教授威廉·哈钦森（William Hutchison）进行了一项特别的研究，研究人员可以将微电极插入人脑中。哈钦森对患有严重强迫症的人进行诊疗，9 位患者同意在接受诊疗时进行单个神经元分析。研究得出了引人注目的结果。这次实验中，哈钦森特别关注了人在见到他人经历疼痛时大脑的反应机制。疼痛是一种很有效的进化工具，当你公开表现自己的疼痛时，会激发他人来帮助你。上万年以前，若族群中有人受伤，那么全族群的人都会停下手里的活去关心、帮忙，提高受伤者的存活概率。如今也一样，看到有人承受苦难时，我们通常会去看看是否能帮上什么忙。在这些实验中，研究人员发现，当人自身受到疼痛刺激以及观察或体验到他人经历的疼痛时，大脑中的前扣带脑皮质（ACC）会做出反应。换言之，即使并没有真切感受到他人的疼痛，我们也会镜映这种反应，从而理解他们的痛苦。

2010 年，加利福尼亚大学洛杉矶分校的伊扎克·弗里德（Itzhak Fried）教授进行的一项研究就是在一种特定的环境下进行的。为了识别患者大脑中的癫痫病灶，21 位进行癫痫症治疗的患者被植入了颅内深度电极，这也提供了研究其他大脑组织结构的机会，特别是与镜像神经元和主管同情心的区域有关的神经系统。为了探索这一点，神经科学家们要求患者做两个面部表情——微笑和皱眉，再让他们观察其他人同样的表情。这一实验的结果跟之前所述的研究结果相同，病人们自己做出一种表情和看到他人做出同样的表情时，他们大脑内的镜像神经元都会被激活。唯一的不同在于，跟所有的镜映行为一样，感知他人疼痛的人的大脑里，神经元的活动并没有那么激烈。对科学家来说，这印证了镜像神经元不仅主管模仿行为，也主管镜映情感，这是一个重大的突破。这证明了，当他人有某种感受时，我们也能感知这种感受。

同情的药方

通常，具有同情心是所有专业医护人士必备的特质。的确，在许多国家，具备同情心是医护人员很重要的条件，不只是像我这种理解社交和情感技能的心理学家才这样认为。事实上，这对医护人员来说也很关键。美国内科医学委员会就提出："培养医学专业学者的人道主义价值观和同情心应是医学研究生教育中的一项基本课程。"英国医务委员会称，为了促进医学教育和培训水平的良好发展，"各组织机构必须创造有助于培养敏感和同情心的学习环境和文化"。提高医护人员的共情沟通技巧，有助于提高医生诊断的准确性，提高病患对医生的满意程度，病人会更愿意坚持医护人员的治疗计划，促进病人身体康复。同情心甚至能够产生以下积极效果，如提高生活质量、降低消极情绪的影响、减少焦虑感、缓解抑郁情绪。医护人员表现出来的同情心甚至能影响病患的生理状况，如降低血压和血糖水平。学者们还发现，被诊断患有普通感冒的患者，也会因为医生表现出的同情而症状减轻，甚至他们的免疫系统还会产生积极的影响。

但不幸的是，虽然具备同情心被视为医护人员的必备素养，但这并不意味着医护专业的学者学到了这项技能，并不意味着它得到了专业医护人员的认可，并不意味着医护工作者就被鼓励去展现同情心，也不意味着医护工作者会通过展现同情心而得到奖励。我们遭遇的各种各样的求医经历就是上述内容的直接证据。为什么会这样？宾夕法尼亚州的托马斯·杰斐逊大学精神病学和人类行为学研究教授穆罕默德雷扎·霍贾特（Mohammadreza Hojat）2009 年在美国进行的一项纵向调研表明，进入医学院第 3 年，医学专业的学生才开始学习关怀病人的课程，尽管同情心对医护人员非常重要，但该专业学生的同情心水平却不如以前了。不幸的是，这项研究并不是个例，很多其他相关研究也证实，包括印度、孟加拉国和比利时在内，全球各地医学专业学生们的同情心都大大降低了。不仅一般医生，还有研究表明，加拿大护理专业的学生、尼日利亚牙医专业的学者、美国护理专业的学生，还有西印度群岛护理、牙医和医学专业的学生的同情心水平也降低了。医护专业人士需要有同情心，这一点我们凭直觉认识到了，而且也有很多研究证实了这一点。我们知道，医护人员自己也想表露出自己对病患的同情，那么，究竟是什么阻碍了他们表达这种情感呢？

虽然有各种缘由，但最主要的还是三种相互关联的因素。其一是文化因素，其二是医疗行业内部的压力，其三是医护人员的个人因素。

让我们先来探索医学文化。你有没有看过电视剧《豪斯医生》？这是一部美国医疗剧，演员休·劳瑞扮演医学天才格里戈里·豪斯。每一集中，豪斯都领着医疗团队去探究不同寻常的、无法解释的病症根源。实际上，这是一部颇有深意的剧集，与被灌输给年轻医护人员（尤其是医学生）的理念有着千丝万缕的联系。年轻的格里戈里入行的时候本着善良的意愿，学习非常努力，在学业上进取心很强，所以成绩也很优异。他的父母很为他自豪，他们认为格里戈里是个当医生的好料子。这无意中也激励着豪斯，让他继续专注于取得好成绩，并在事业上收获成功。虽然医疗机构都吹捧同情心这种特质，但让年轻的豪斯获得进步和高层的关注的，是他的测试成绩。豪斯医生解决问题的能力也让他在医学院求学的过程中更加侧重于学习解决医疗问题的技巧，他将这一点作为自己学习的最重要的任务，结果，他就越来越不将病人当人看了。在美国，像豪斯医生这样的人——博学的医学"圣人"，在医护行业能够熟练地解决医疗中的各种问题，但是面对病人时常抱着冷嘲热讽的态度，而不是一种善意护理的态度。这种善意的态度越来越被忽视，当然，同情心也是如此。

为此有人进行过一项有意思的实验，就是用 fMRI 技术来探索医生和非医学专业者大脑反应机制的不同之处。研究人员还探索了使用针灸疗法的医生的状况。两组人员分别观看了针刺入人身体的录像（也就是承受疼痛）以及用棉花触碰人相同身体部位的录像（也就是没有承受疼痛）。你应该记得，之前探究同情心的实验显示，看到他人体验疼痛时，人们的大脑会像自己真正感到疼痛一样做出反应，只是程度没有那么强烈而已。也就是说，当人们没有疼痛体验时，他们的镜像神经元不会做出反应。那些没有医学专业背景和不进行针灸治疗的医生的大脑影像图展现了同样的结果。当看到人被针刺的录像时，他们的镜像神经元就被激活了，当看到人接触到的是棉花时，他们的镜像神经元没有做出反应。相比较而言，当人们体验疼痛时，医生大脑中的镜像神经元的活动频率要低得多。研究人员声称，为了自保，医生们下调了大脑对疼痛的反应程度。随着时间的流逝，他们学会了忽略疼痛，避免同情他人，这样他们就不会有同样的情绪和情感反应了。

医生的神经系统奖励解决问题的成果而不是奖励感受，除此之外，系统内部还会产生压力。从豪斯这个人物形象中我们就能看出这一效果。在人的大脑中，感知他人疼痛的重要性总是排在解决问题之后。英国国家医疗服务体系显然压力重重。虽然我和医护人员一起研究如何增强情绪恢复能力，以保护医护人员不受压力和其他心理健康问题的影响，让他们给病患留下良好的印象，但有时候，我们觉得这是一场注定失败的战争。即使没有英国国家医疗服务体系的管理，英国的医护从业人员也承受着巨大的压力，这是由他们的职业特性决定的。我继姐是澳大利亚的一名重症监护护士，已从业多年，她说她经常很认真地思考自己能否继续干下去。为什么？并不是因为她不热爱自己的职业，而是因为压力过大，且缺乏支持，这让人觉得难以为继。不信，问一问你认识的医护专业人士，你很可能听到类似的故事。

你处在重压之下时，头脑很难保持清醒，更无法向他人表露同情和关心。想一想，当你要参加一次重要会议，面临迟到时，你匆忙去赶车。如果途中见到了有烦心事的朋友，你不太可能停下来问他发生了什么事，如果他过来找你，你可能还会恼怒。这并不是说你是个没有同情心的人，只是因为你自己也出现了问题，你也很着急。的确，科学家们发现，遭受巨大压力时，人的同情心水平会大大降低，他们认为："一旦感受到压力、沮丧和恐惧，那么所有依赖镜像神经元的系统就会停止工作，你就不会留意他人遇到的问题，不会同情、理解他人。"某些医护工作者之所以看起来缺乏同情心，这一点似乎可以作为理由之一。

从个人角度而言，任何医护工作者面对压力时都会觉得自己很受伤、很迷茫、很不幸——任何普通人都很难应对这种压力。我们的祖先无疑见过很多令人惊恐的场面，那时，医疗水平非常落后，所以他们每时每刻都会见到大量的人受伤或生病。相反，我们现在则非常安全，安保措施也很到位，条件比我们的祖先好得多。我们不能经常见到受重伤的人，许多患病的人都在医院接受治疗，并不在家中，甚至日常生活中也很难见到重病患者。最近，我跟伦敦一家排名靠前的医院急诊室的儿科专家费恩利谈到了这件事。她解释了英国的初级医生为什么会在突然之间感到前所未有的绝望。她认为英国的医学生在学习、受训的时候同情心就已经被"移除"了。她描述了自己早年在医学院解剖尸体的经历，她认为这是一种刻意让学生们麻木不仁的方式——将人的躯体看作一种物品，而不是一个人。也有研究指出了同样的事情。研究报告称，随着医学生对医疗保健中更人性化的元素逐步"免疫"，医护工作者的伦理道德培养相当匮乏，对患者冷嘲热讽的情况也增加了。从神经学角度而言，这就使我们感知情绪和情感的神经元变得麻木，而我们也就无法做出有效的决策来。这是一种不健康的状况，不仅不利于医护工作者同情心的培养，而且不利于病患的诊断。在对病患进行诊疗决策时，也应该考虑情感因素。排除情绪和情感影响后，人可能看起来很"坚强"，但这样做其实是在放任脆弱产生，而且增加了倦怠感产生的可能。

费恩利还说，一些医学院现在开始将培养重点放在了让学生具备同情心上，但问题在于，学校不知道怎么教学生以最有效的方式做出反应。她提到一位"麻木不仁"的年轻医学生，他努力改善自己问诊时的态度和礼节，但最终"过度认同"了病患及其亲属的痛苦。没过多久，他就因此而精疲力竭了。

这些案例向我们揭示了现实中具有讽刺意味的一面。一方面，研究表明同情心会让人崩溃，上文所述的那位年轻的医学生就是这样；另一方面，也有研究证实，同情心能保护医护工作者免于疲累。后一种情况并不是指那些对病人的不适不敏感或情绪低落的医护从业者，而是指确实有同情心且因此工作更为有效的医护专业人员。

为什么这些研究的结果相互矛盾？为什么同情心能保护一些人免遭压力，却又让一些人身心俱疲？从更宽泛的角度而言，我们怎样才能防止人们因文化氛围影响或是为了自我保护而丧失同情心？我认为，这些问题的答案都在于同情心背后的大脑运作机制。这要看我们对这些机制的理解，以及对同情心的使用方式，它们可以帮我们解释前述的三个因素：文化因素、行业内部的压力和个人因素。无论你从事什么职业，这都能让你更富有同情心。

情感上的同情和认知上的同理

之前，我们将同情心定义为"将自己置于他人的境地，理解对方的体验和经历"，这是大家对同情心普遍的理解，然而，同情心的另一层定义也很重要。《社会心理学百科全书》中还有如下解释："一个人理解另一个人的体验经历，好像自己体验过一样，但实际上自己没有真正体验过。自己和他人之间有这样的差别。"为了以最具建设性的方式运用同情心，理解与同情心有关的机制是非常关键的。

同情心的第一部分被称为"情感同情"，包括与他人的情感保持同步，真切感知（但程度稍轻）他们的感受。情感同情是我们与动物共有的，主管这方面的系统在我们生命初期就已经培养形成。举个简单的例子来说明一下，当一个孩子哭的时候，另一个孩子也会没有理由地跟着哭。在我们还是婴儿的时候，就开始学着同情他人了。这不是一种突然拥有或不拥有的情感，而是通过人类数百万次的互动产生的迭代过程。有证据表明，当我们还是婴儿的时候，我们的母亲或主要监护人更乐于模仿我们的面部表情，而不是其他肢体动作。这种重复发生的镜映就形成了同情心的基础，并逐渐让我们的镜像神经元有了这种能力。起初，我们只是自己感知这种情绪、情感，但渐渐地，我们的大脑会让我们与监护人同步产生这种情绪、情感，然后我们就开始理解它，从而能够感知他人的情绪、情感。大脑各区域联系起来，当我们和别人感知到某些情绪时，我们的镜像神经元会被激活。

第二部分为"认知同理"，也就是说，人感知并理解了他人的感受，但并没有因此丧失自己的理智。这与对情绪、情感免疫不同，对情绪、情感免疫意味着人压抑了那种情绪、情感，将其当作自我保护的机制。认知同理是一种比情感同情或情感免疫更高级的能力。

医生需要了解病患患病的缘由和疾病的症状，但不需要患上同样的病去感知。他们需要尽可能近距离地靠近病人去认识、了解疾病，但不能受到任何病菌的感染。同样，医生或护士需要理解病人的情绪和情感（也就是认知同理），这样他们就能够对病人进行诊断，并照顾病人，但不会感染他们的情绪、情感（情感同情心太强烈），也不会忽略他们的情绪、情感，而忽略能阻碍医护人员理解病患（情感免疫）。如果医护人员将每种疾病都体验一遍，那他们就无法工作了。同样，如果医护人员要通过情感同情心感知每一种情绪和情感，他们也会无法工作。这样会让他们疲惫不堪，也会影响向他们求助的病患。感知情绪，以及情感须适可而止，这很重要。

就以我以前因为缺乏了解而使用情感同情而不是认知同理的事为例来说明吧。我刚成为职业心理医生时，参与了一个项目，就是评估雇员的工作状况，并分析他们是否可能被解雇。这种工作没有人喜欢做。我要花很多时间记录每个人的情况，并写出评估报告，然后面对面地接诊这些人，将这些报告告诉他们。有一位女士，我知道她即将失业了（我跟委托人讨论过），当我跟她说她的报告时，她伤心不已，而我也是强忍着自己的泪水在跟她沟通。我坐在那里，心情沉重，急切地想要安慰她，让她不再痛苦难过。我把自己的电话号码告诉她，并跟她说难过时可以来找我。这是新手会犯的一个重要错误。

她总是在晚上打电话给我，无论多晚都会打。我真担心她放下电话就会自杀，所以一直跟她说话，开导她，但我并没有接受过这方面的训练，实在不知道该怎么开导她。后来，在公司里其他更有经验的心理医生的帮助下，我才让她获得了她需要的帮助。那时，虽然我已经成了一名心理医生，但我还是不能把情感同情和认知同理区别开来。我过去常常认为，我拥有同情心，因为我能够对别人的痛苦感同身受。如果我看到有人在街头哭泣，我自己也会忍不住哭起来，并上前查看他们是否需要帮助。当我看到有人心烦时，无论我认不认识对方，我都会一直坐在他们旁边，去倾听他们的烦恼，安慰他们。然而，心理医生、医护工作者和需要理解他人但不能代入他人感受的所有其他职业，都不需要这样的同情心。这些行业的从业者们若能不受他人情绪的感染，反而更有帮助，能让他们以更有效、更健康的方式理解和帮助他人，而不需要"代入"他人的情绪和情感，不代入他人的情绪和情感并不意味着你对这些情绪、情感免疫，或者只是在疗愈患者，这其实运用了更复杂、更高级的认知同理。

牛津大学知名心理学家和高级研究员塞西莉亚·海耶斯（Cecilia Heyes）就对同理心和镜像神经元进行过深入研究。海耶斯称，这两种不同形式的"同情"涉及两个步骤。第一步是一种更简单的机制。例如，我们见到有人难过，就会认为"我感到难过，因为你也感到难过"，这就是情感同情，是指你在代替他人感受某种感觉。这样做的代价是，我们镜映的痛苦跟他人亲身体验的痛苦非常接近，只是程度上略微轻一些。除了这种简单一些的情感同情，第二步是一种较为复杂的认知同理："我理解你的难过，并为你感到遗憾，但我自己并不难过。"海耶斯认为，情感同情和认知同理是大脑中的两种不同功能，而且认知同理是在情感同情之后发生的。

我们可以将这种情绪看作在没有镜映的情况下体验到的寻常的情绪。想象一下，在工作中或在家里，有人总是来骚扰你，你非常生气，想对他们大吼大叫。但你并没有这样做，你克制住了自己，因为你认真评估了这种感受，而不是沉溺在生气之中，你认为从长期而言大吼大叫对你无益。你大脑的应激反应区产生了最初的情绪，然后大脑的观察探索区决定该怎么应对，这就是情感同情和认知同理共同作用的结果。情感蔓延、感染是人类的主要反应方式之一。我们可以沉溺于情感之中，感知情感（情感同情），或是将情感剔除，不受其影响（限制对我们的决策过程有用的信息），或是体验这种情感，并在认知层面对其进行评估（认知同理）。由此可知，只表现情感同情，你就会不断感染他人的痛苦，这会让人无法忍受。

而转移到认知同理这个层面上，你就不会无法忍受了。使用认知同理能让我们帮助他人，做出亲社会的行为（对帮助他人的人来说，这对他们的身体健康和心理幸福都有积极的影响），却不会因为感知情绪、情感而难受，它会维持着合理的平衡。那些压力过大、专注于解决问题，或者对看到的事太过习以为常的人，可能会关闭自己的同情心。也有些人接受过训练或告诫过自己不要去考虑情感方面的问题，只专注于从合理的角度解决问题。最有效的处理办法是让情感同情和认知同理不断交互，而且技巧性地多花时间在认知同理上。

2010 年，奥地利格拉茨大学的心理学教授伊娃·格瑞米尔（Eva Greimel）对一群 8 ~ 27 岁的男性的大脑进行了扫描，结果显示，管理同情心的神经元机制，尤其是镜像神经元系统，仍然在随着年纪的增加而发育成熟。研究人员认为，前额皮质（大脑观察探索区的一部分）的成熟可能会促进镜像神经元的发育。这一点很有趣，理由在于，随着对大脑的探索和钻研不断深入，我们发现，在 18 ~ 29 岁这一被称为成年初显期的时期，大脑仍然在逐渐发育成熟。这一时期大脑中形成的组织结构是用来巩固观察探索区和应激反应区之间的联系，提高我们的情绪和情感反应能力的。在成年初显期之前，我们常常难以控制自己的情绪，因此，当我们看到别人痛苦时，通过情感同情管理我们体验的情绪就更困难了。这也表明，我们的认知同理和与之相关的镜像神经元会随着我们大脑的发育和管理自己情绪的能力的发展而日趋成熟。

为了以专家称之为"自上而下控制"的方式真正实现认知同理（对我们感受到的同情进行有意识的认知和管理），我们需要应对他人的情绪、情感，然后进行评估，再决定在当前情况下如何做出反应。我们评估诱发情绪、情感的能力取决于许多因素，如我们与他人关系的好坏、进行同情或同理活动的动机、对事物的重视程度排序，以及过去面对类似情况时的反应方式等。例如，以前文所述我以前遇到的那位心生烦恼的客户为例来说明，以后在工作中再遇到心烦的人，我会对他们表达遗憾之情，会主动关心、体贴他们，希望帮到他们，但我只会"代入"体验他们的情绪、情感一小会儿。要以一种对我们有益的方式表达同情，我们不仅需要"认知"从他人身上获得的信息，还需要知道为了做出最有效的决策，应该怎样应对这些情感、情绪。我们不应完全压抑自己的情感、情绪，因为它们提供了关于当前境况的有利信息，并引导我们对他人提供更有效的支持。大家都知道，认知同理不是一种直接的"有或没有"的技巧，它需要我们对其进行理解，并在实际生活中培养、形成。你可能学过这项技能，却不完全明白它是如何起作用的，也不太清楚你是如何学到它的，或者要怎样一直高效率地使用这种技能。我们能通过与他人的沟通交流，以及通过观察表达这种情感的人的行为来学习这项技能。当角色楷模理解了情感同情和认知同理的机制，并能够清楚地解释他们怎样做出那样的行为、为什么会做出那样的行为时，学习者就能完全明白角色楷模的内心体验，并理解他们的行为。熟练使用认知同理，它提供了一种工具，让我们能更好地关心他人，更有效地建立与他人的情感关系，也能够让我们不因他人情绪感染而崩溃。如果将同理心与镜像神经联系起来，那么通过观察、感知及镜映这种行为，我们就能建立同情心、同理心。

在编写本书时，我在医学文献中发现了更多案例，明白了应该怎样在医疗保健行业中使用角色建模。近 90% 的医学专业生都记得帮自己建立职业态度的角色楷模是谁，角色楷模在各行业各领域都需要。相关文献非常多，如《角色建模：医学教育中的短板》（*Role-modelling:A Missing Link in Medical Education*）、《正面的医生职业建模的隐藏过程》（*The Hidden Process of Positive Doctor Role-modelling*），它们反映了我们不理解医护行业为什么需要角色建模，也反映了我们需要加深对角色建模的认识。我们并没有充分利用角色建模，我们许多人甚至遗忘了它。虽然有人认识到角色建模能帮到我们，但我们不知道怎样得到角色楷模，我们通常认为角色建模的过程非常神秘，难以言表，但如果结合镜映思维思考，那就一点儿也不神秘莫测了。

医学角度的角色楷模是什么样的？从文学上来说，角色楷模在自己从事的领域做得很出色，且很有经验，考虑到角色楷模的全面性概念，这并不是前所未有的定义。医学方面的角色楷模有同情心，而且对病患及其家属有积极的影响力，会跟他们一起努力应对疾病。在不同的医护行业，这些特性是所有经验更丰富的从业者和刚入职的新手共有的。例如，英国医学协会就提出了这样的要求："所有医生都有教育、训练其他医生、医学专业学生和非医学专业的保健行业从业者的义务。"

《护理学 2019》中的一篇文章写道："作为护士，你每天都在教导他人。"另一篇文章称，医学专业学生自己就是其他医学专业同学、相关专业学生、健康护理职业从业者和相关职业部门的角色楷模。他们建议，医学院应鼓励学生们对角色楷模进行评论，以此来真正利用好角色建模的机会。

费恩利博士就是一个具有同情心的角色楷模。虽然有时候她也会因为压力过重而回家偷偷哭泣。比如，诊疗一个重症的孩子或告诉父母他们的孩子出现了紧急状况，会影响他们的生命存续，这不是一件容易的事情，但她能把握平衡。她不会在孩子的父母面前哭，这是一种认知同理；她能够掌控自己的情绪程度，在不给他们带来痛苦的情况下，告诉他们应该知道的信息；她也明白怎样考虑他们的需求和感受，从患者家属的角度看情况，有时候也从他们的角度感知情况。她接待的病患来自各行各业，文化背景也各不相同，但她工作时总能给他们温暖、同情和体贴，总会考虑他们的不同需求。她被认为是一位杰出的老师和角色楷模，然而直到我告诉她，她具备认知同理心，以及她是如何使用认知同理心的，她才认识到，她树立了这样的榜样。为了帮助他人学习，成为角色楷模的人先要认识到他们在做什么，明白他们使用的其他技巧。没有清楚的认知，他们不能发挥角色建模的积极作用，也不知道怎样向同行解释自己的反应和行为，这样，他人也就学不到相关知识。

可以说，学习同情是学习如何为人的主要内容。我们从他人身上学习这一知识，需要加深对这些机制的理解，效仿并将之传播给其他人。我们要从医疗保健行业开始，绝不能让这一行业的从业者丧失同情心。同情心是一种很重要的因素，在生活各领域中都很重要，也是我们情感联系的基本构成。同情心对成功也很关键，没有同情心，我们就无法掌控人际关系——人际关系在生活各个领域都发挥着重要作用。总之，从工作到娱乐，从顾客服务到企业高管，无论朋友相处还是家庭生活，我们都需要同情心。

第五章
我们的社会和情感镜映

　　劳尔·桑伽罗 16 岁时就参与过很多街头犯罪,而埃米利奥·拉米雷斯在同样的年纪时行事作风就像一个成熟的成年人了,周身散发着一种居高临下的气势,好像在宣告:"别惹我!"拉米雷斯也深陷帮派斗争。这两个孩子都住在加利福尼亚州贝尔蒙特城里一处不太平的区域,他们班里有 32 名学生,基本上也都是持枪出行、拉帮结派、寻衅滋事的少年。他们每个人都有一定的"信誉度",在他们看来,这种"信誉度"比学校的成绩重要得多。这是一群无礼、叛逆、危险的青少年,他们的教导者们都已经放弃了他们。老师们只要求他们"不闹事",而不是教他们学习。那些负责给这些学生上课的老师都认为,虽然他们努力上课,但这些学生不会在学业上有任何作为,他们只是在浪费资源。

　　好莱坞电影《危险游戏》(*Dangerous Minds*)的开场就是这样的,演员米歇尔·菲佛扮演露安·约翰逊,一位刚刚踏入教师行业的新手教师,被学校指定为这一群孩子的班主任。这第一份工作与露安的期望相去甚远。初次与这群吵闹的少年相见，她的脸色由红润转为苍白，双眼中露出惊恐的神色。无论她怎样努力，都无法使这群吵闹不休的少年停下来。她因为孩子们的强烈抵制而沮丧不已，失望地离开了教室，不过，按照好莱坞惯常的剧情，这并不意味着结束。后来她又回到了教室，穿着跟孩子们差不多的衣服，教他们她在海军陆战队时学到的空手道，她甚至还去劳尔·桑伽罗家里家访，告诉劳尔的父母，他是一位多么优秀的学生。许多影片的内容都极具戏剧性和夸大性，这一部也是如此，主角露安不断实施有违学校规章制度的教学手段，尽管校方多次干涉，但她仍然坚持。有时候她也会动摇，让我们怀疑她是否会放弃，但最终她还是执拗地按自己的方式行事。那一年结束时，她收获了令其他人觉得不可思议的成功。

事实上，这部影片是根据露安·约翰逊的自传作品《我的不做作业的武装队》(*My Posse Don't Do Homework*) 改编的。露安通过非传统的方法获得了成功，而她给予每个学生的尊重和鼓励则更加重要。一个认识露安·约翰逊的人说："她总是支持学生，她非正统的教学策略给她的学生带来了惊人的成功率，同时，她增强了学生的自尊心，提高了他们的学习积极性和成绩。"

露安·约翰逊给了学生们希望，为他们建立了积极正面的角色楷模。她是他们认识的唯一一个信守承诺，并坚定支持他们的人。她的学生奥斯卡·瓜拉后来成了某科学实验室的一名技术员，他说："她教我不要害怕尝试。"露安·约翰逊跨越了传统教学的边界，不那么专注于课程内容，而是教学生处理社交和情感问题的技巧，她让学生们相信，他们能够学习老师传授的知识。此外，她还向学生们证明了，他们想要学习，想要成为社会的一员，想要受到重视。处理社交和情感问题的技巧其实是所有学习必经的门槛，但总是遭到人们忽视，进而影响世界各地对下一代的培养。即便是作为成人的我们，也需要继续培养、发展我们的技能，适应周围瞬息万变的世界。处理社交和情感问题的技巧的学习贯穿于我们生活的方方面面，跟同伴、兄弟姐妹、同事和朋友相处时，我们都能学到这些技巧，不过，这种学习始于孩子与老师在校内和校外的沟通。

生活课程

我们十几岁的时候大脑的可塑性最强，在这一时期内，老师是我们心灵的监护人。我们探索了这么久镜映系统，一定知道老师对我们的影响是很大的。美国的史学家亨利·布鲁克斯·亚当斯（Henry Brooks Adams）说过这样一句名言："教师对人的影响是永恒的，没人知道这种影响何时停止。"

然而，不幸的是，我受老师的影响并不大。我的很多老师只让我越来越讨厌学校，他们并没有对我的生活产生重大的影响。当然也有一个例外，那就是我的物理老师马斯林夫人，不过，其实我跟她并不亲近。她又高又瘦，眼神温和，留着短短的白发。在我的记忆中，她总是穿着一件白色的敞领实验室大褂，扣子从上一路扣到下。我并没有因为她而爱上物理，但她对我的信任和关心给我留下了深刻的印象。我有被关注、被倾听、被欣赏的感觉。她可能是唯一巩固了我父母对我的信念的老师，他们让我相信，我能实现任何我想做的事情。到她教我的时候，我已经换了很多职业理想了，如成为战斗机飞行员、建筑师或服装设计师等。不过，我总是沉浸在自己的想法中，也一直想弄明白他人的想法及观念。15 岁时，我想成为一名心理学家。马斯林夫人认为这个方向不错，但她并不认为心理学是什么好的从业方向，她推荐我从事医药和精神学行业，这也许是因为她自己努力工作的作风，也许是因为当时的社会都认为这一行业比心理学好。无论如何，有人相信我，这让我感觉好极了。我选择 A 级课程的目的是学医，然后努力在医院和医疗中心找兼职工作。虽然我后来又转去学心理学，但马斯林夫人仍然在我人生的关键时刻给了我指引，支持我走自己的路。这只是我的老师对我产生的小小的影响，让我常想这是不是大家都会遇到的一种情况，老师对人的影响是否只有这样。我的亲身经历让我继续从各方面质疑这一点。

几年前我认识了劳拉，当她走进诊疗室时，我很快就被她迷住了：她身材修长，梳着一头漂亮的赤褐色头发，皮肤上有雀斑，还有深绿色的双眼。她表现得沉着且自信。她跟我讲述了她的故事，说她在 14 岁前完全不接受学校教育。她成绩还不错，且任何科目都不会让她烦恼。她根本没想过毕业后要做什么。她那时并不觉得有哪位老师会特别关注她，可能是因为她那时总是很安静。然而，这一切都因为她的美术老师哈德森夫人得以改变，那时，哈德森夫人开始留意她的作品。讲述这一段经历时，她说重要的不仅仅是因为哈德森夫人重视了她的画作，还将她看作了一个真正的人。她突然觉得有人在关注她、倾听她，她也重新对学习产生了兴趣。哈德森夫人鼓励劳拉在周末和学习之余多花一点时间进行不同的设计和创作，比如拍照片、做模型、进行素描和油画创作。劳拉现在成了顶尖的时尚设计师，她坚定地认为，她的美术老师不仅影响了她的职业选择，还给了她对未来的希望，让她把握机会，开发了她的潜力。这当然是我们希望每位老师都能对学生产生的影响。劳拉的父母很爱她，也鼓励她做喜欢的事，不过劳拉却认为，对她来说最重要的还是老师这条来自外界的"生命线"。

劳拉的故事是相当积极、正面的，也呼应了露安的学生说的那句话"她教我不要害怕尝试"。然而，回顾我当心理医生时听到的故事后发现，劳拉和露安带的那个班只是个例，事实并不都是这样的。通常，老师产生的影响是中性的，只可能影响你选择的专业。老师也给对人产生糟糕的影响，其影响力甚至可能持续至成年期。

专业研究教育和大脑的心理学家柯克·奥尔森（Kirke Olson）曾说过这样一句很有意义的话："教育能改变人的大脑，这种改变远比外科医生的手术刀造成的改变要复杂得多。"正是这一句话，让人们开始关注这个问题。此外，我们现在明白了，老师对我们产生的影响，无论是好是坏，都是依靠我们的镜像神经元传递的。

老师给人留下的消极影响，最典型的还是让人产生一种根深蒂固的观念，比如认为他们"对数字不敏感""不擅长英语"，所以"沟通能力很差"，更糟糕的是，让人觉得自己"并不聪明"。以我认识的另一个人来说吧。刚认识埃米尔的时候，他看起来是一个很有自信、很理智的人，他完全相信自己的能力，却从不表现出优越感，一点儿也不骄傲自大。埃米尔的事业很成功，曾在不同国家的不同公司工作过。来见我的时候，他是一家知名品牌的总经理，在他任职期间，这家公司的业绩非常不错。不过埃米尔给我讲他自己的故事时说，他上学的时候，曾因为数学成绩太差而遭到老师的公开羞辱。当时，全班同学都在复盘这次考试，而埃米尔当时觉得考试题目令人费解。全班同学都没有考好，大概是因为这次考试很重要，考得不好就会给他们带来不好的影响，所以老师对同学们都很生气。埃米尔情绪很低落地说，因为他考得最差，所以老师把他揪出来，对着他大吼大叫，认为他不应该来上课，这让他觉得很羞耻。埃米尔可以很理性地认为，这只不过是一位糟糕的老师给他的一种糟糕的经历体验，但他一直因此而对数学缺乏自信。他可以读懂财务报表，并轻而易举地指出其中的错误，但在与股东们开会分析这些报表时他常常冷场，不得不依赖财务总监。在测试他的认知能力时，我们发现，他显然有能力学好数学，不过，尽管他在其他方面取得了成功，但对自己不能学好数学的怀疑却一直伴随着他。这种打击人自尊心的做法会让人产生一种更普遍化的想法：他们就是不值得获得这个，他们就是做不到，或者他们就是不应该尝试。要让孩子偏离人生轨道，并不需要耗费太多精力，只要让他们产生这种想法就够了。

那么，虽然我们期待作为角色楷模的老师应该对我们有长远的影响力，不过他们的确有那么大的影响力吗？现在接受教育的美国学生们仍然将老师当作生命中的重要角色吗？答案似乎并非如此。以2016年对美国马萨诸塞州和康涅狄格州的220名青少年展开的调研为例来说明吧。这些受调查的青少年，绝大多数都在平常频繁接触的人中选择了家人作为自己的角色楷模，包括父母、阿姨、叔叔、祖父母、兄弟姐妹或堂、表兄弟姐妹，然后是朋友，老师属于最后一类——其他成年人。然而，该调研也告诉我们，老师若是积极正面的榜样，那他们对学生的影响是很显著的。2018年，美国伊利诺伊州西北大学的经济学教授基拉博·杰克逊（Kirabo Jackson）进行的一项调研证实了积极的角色楷模将产生更广泛的影响作用。一项对来自北卡罗来纳州不同高中的57万名学生展开的调研显示，除了影响学生的成绩，那些有助于学生提高适应新环境的能力、有助于学生提高自我调节能力以及能够一直显著影响学生学习动机的老师，也能够影响学生学习的方方面面，无论他们是否毕业，是否继续接受教育。这份调研报告的作者称："这些结果证实了许多人认为对的一种观念，即教师对考试成绩的影响只体现他们对人力资源的一小部分影响。"从这一点来看，加上之前的事例佐证，很显然，教师作为积极正面的榜样，将产生巨大的影响。由于老师这个角色楷模会对个人和社会都产生不可思议的影响，因此不利用这种作用就是错失了一次机会。那么，这些为数不多的能够产生积极正面影响的老师榜样，为什么跟其他老师有很大的不同呢？他们为什么会对孩子有这样的作用？对孩子没有影响与产生改变孩子一生的影响，这两种作用对孩子有什么不同？如果知道这些问题的答案，我们不仅能帮更多的教师有效地树立积极正面的榜样，还可以从中学习，无论我们在工作和生活中扮演着什么角色，都可以这么做。

有情感联系、值得信任和接触频繁的榜样

回顾露安·约翰逊以及我的故事，还有劳拉和哈德森夫人的故事，这些故事都是有侧重点的。我们从一开始就介绍了影响镜映的三种因素：你接触的人与你的情感深厚程度，相互信任度和接触频率。那么，这意味着什么？设想一下，你正在度假，游走了好几小时之后，终于抵达目的地，走进宾馆大厅，你很累，而你订的是一家豪华的宾馆——这里是你一直想来的地方，这时候你只想走进房间，泡个澡放松一下。然而，宾馆前台的工作人员并没有理你，也没听到你打招呼，他们都在忙着其他的事情。后来，他们终于注意到了你，只递给你一系列表格让你填写，然后就去做其他事情了，并没有给你房间的钥匙。你会有什么感觉？你可能觉得恼怒、沮丧、烦恼，甚至忍无可忍而发火。简单来说，这感觉并不好。几天后，你赶航班去另一个国家继续假期，但你的航班延误了，当你最终抵达的时候，你觉得又累又乏。这一次你订的是一个家族经营的小旅馆，不是之前那种奢侈宾馆。当你抵达的时候，主人微

笑着出来迎接你，看着你的眼睛，让你觉得他们能够读懂你的想法，因为他们说航班延误这么久，你一定很累了。他们帮你安置行囊，并建议你马上去房间休息，因为你需要的东西都已经准备好了。你现在的感受跟之前在那家宾馆的感受有什么不同？答案应该很明显。当然，孩子在学校里的情况相去甚远，但这些小小的互动差异说明在教学中，那些对学生有积极影响的老师和那些对学生没有影响的老师之间存在着一些简单而又很重要的差异。相较而言，第一次跟宾馆工作人员沟通时，对方并没有付出感情，也没有同理心，而第二次到家庭旅馆时，主人却是真心实意地体贴你，站在你的角度看问题。影响镜映的因素还有信任度和接触频率，这需要其他的事例佐证。下面，我们来探讨如下问题。

在上述案例中，同理心让人们之间建立了情感联系。正如第四章所说的那样，即便只是表达了即时的同理之心，效果也很强，比如能够理解你痛苦的护士，能够温和地向你解释你在乎的人的病情的医生，还有前述案例中能够理解你在长途奔波之后疲惫不堪的旅馆主人。当一个人长期持有同理心时，他会对周围人带来深远的影响。露安·约翰逊长期持有这样的同理心，这样，学生们就相信她，她会去了解学生，弄清楚他们的个人状况，使他们觉得，他们作为人，受到了他人的重视，她理解他们的感受，明白他们为什么采取那样的行为方式。约翰逊自己也说过："人们都忘了自己青少年时期的样子……但我认为我从未长大过。"正如我们讨论过的那样，这种同理心需要通过镜像系统激活。研究证实，最有益的师生关系是建立在同理心之上的——要有温度、有教养、公开透明，这能提升师生关系的质量。在社交和情感方面，给学生树立榜样的老师也能提高师生关系的质量。跟这样的老师关系好的孩子，在学校更积极，对学习的意愿和行为参与度也更高。

情感关系的质量还与彼此的信任度有关。作为宾馆的客人，我们与前台工作人员的沟通是短暂而肤浅的，这时我们不必考虑对方到底对我们有没有同理心，我们只想在那一刻感觉更放松、更舒适。当我们是学生或患者时，我们需要相信，老师或医护人员的同理心是出自真心的——医护人员或老师所做的事对我们有深远的影响。露安·约翰逊的学生们相信她，无论学生们对她态度如何，她从未放弃过他们，因为她对他们的同理心是真实的。作为成人，信任对我们大部分人的人际关系都很重要，无论在职场还是在家里，无论跟朋友还是跟家人相处，都需要相互信任。老师和学生的信任很重要，而且随着孩子渐渐长大，这种信任也更难建立。

在接受基础教育的阶段，孩子也是第一次跟一群同龄人相处。虽然他们可能并不知道什么是镜映，却第一次有了一大群可以镜映的对象，这些对象不再是父母、兄弟姐妹和其他亲属。从这时候起，孩子们开始相信他们的老师，他们甚至会像相信英雄一样相信老师。小孩子从学校回家后，可能会鹦鹉学舌一样地重复老师说的话。老师的关注会让孩子们感到高兴，但这时候，如果老师不关心某个孩子，就会破坏双方的信任、情感和同理心，这会极大地挫伤孩子的自尊。

孩子进入青春期，由于大脑结构逐渐成熟，以及荷尔蒙等生理因素的作用，他们的行为、情绪、情感以及他们对其他人和事物的反应会产生极其复杂的影响。还有一些进化和成长方面的因素会让青少年做出糟糕的决策，从而镜映那些对他们无益的同伴的行为观念。在这个年龄段，一切都关乎社交。学生更可能信任关心、爱护他们的父母亲，会陪在身边的亲人，以及他们的朋友，这也是为什么老师是次于亲人和同龄人的角色楷模。信任是个很棘手的问题。要信任老师，就必须与老师有联系、有感情，而且还需要老师表达同理心。要知道，同理心不是同情心，不是要人沉浸在幻想中，而是认识、理解青少年的观点和态度。

此外，令老师难以成为积极正面的角色楷模的原因则是接触频率。许多老师一周只给一个班的学生上两三节课，一年可能也只有那么几十节课，但因为班级规模不同，他们都在争取与学生相处更多的时间，以争取建立师生关系。即便是那些多年来教导同一个班级的老师，也常常会因为该班学生多，而减少了与某些学生建立深厚关系的机会。老师不仅要面对班里的同学，还要面对很多其他人，比如他们的同事，就是他们整天都与之相处，并且重要的交流对象。他们更关注自己的同事，而不是学生。马萨诸塞大学心理学教授让·罗德斯（Jean Rhodes）和她的同事大卫·杜波依斯（David DuBois）就证明了，青少年和成人相处的时候，彼此的接触度、情感深厚度和信任度有多么重要。他们的研究表明，人与人要建立信任关系，就必须依靠长期的人际关系。长期的人际关系对青少年产生的积极影响，会随着关系存续时间的延长而变得更深远。

如果这些因素——情感深厚程度、信任度和接触频率也对角色建模很重要，那我们就能明白，这些不是仅靠老师们站在学生们面前上上课就能产生影响的。角色建模取决于一系列复杂的相互关联的因素。要真正理解角色建模能否在学校里生效，我们还需要明确另一个重要的问题。这不只关于为什么有些老师能够对学生产生积极的影响，而有些却无论怎样都不能对学生产生积极影响的问题。

压力：社交和情感的阻碍

繁重的工作负担、缺乏支持以及考试带来的越来越大的压力正在冲击着教师的抗压水平和职业勤奋度，这已经不是什么秘密了。压力会让我们无法做出极致的表现，它不仅会影响我们的判断力，还会影响我们大脑某些区域的正常功能。无论是不是教师，我们每天都会体验各种不同的压力。这是一种自然的生存状态，是我们大脑进化的结果。压力影响着我们的反应，更原始的大脑区域保护着我们的安全。虽然我们如今遭遇的许多压力都不具有胁迫性，但当我们遇到威胁时，我们的大脑会发出警示的信号。例如，看到别人占了属于我们的位置、有人在火车上撞到了我们、公路上一辆车从我们面前驶过、没有受邀参加某次会议、忽略了一份邮件、要与他人做比较，这些都是我们可能遇到的压力，而且都能刺激我们的大脑。每天都有很多情况会刺激我们的大脑释放生化物质，在远古时代，这些物质会通过行为被分散，但在现代世界，这些物质受到了阻碍。一旦这些物质被释放，那么压力也就没有了阀门：我们不会转过去跟占我们位置的人打架，有人在火车上撞到我们，我们也会尽量避开。

适度的压力的确能让我们实现更多事情。随着压力增加，我们的生理和心理兴奋度也会升高，直到达到最佳水平，从而提高我们的表现力。例如，考试或演讲时适度压力的存在能让我们更容易集中注意力，头脑也更加敏捷，所以表现也更好。还有证据表明，一定程度的压力可以通过某些方式增加同理心，让人做出亲社会的行为，这实际上也有助于发展、培养那些至关重要的积极的师生关系。因此，适度的压力能够促进人社交和情感技能的学习。

然而，压力过大时，大脑受到的刺激就会增加，我们很快就会觉得负荷过重，表现力也会变差，从而使我们的情绪和整体的认知能力变差。一旦情况变差，我们大脑的观察探索区里就挤满了应激反应区释放的压力荷尔蒙（如皮质醇、肾上腺素等），我们就会忘记该怎样让自己回到更积极的状态。虽然短暂的压力爆发不会造成伤害，但当压力持续不断涌来时，它就会让我们身心俱疲。这不只是老师才会遇到的问题，我们所有人都会遇到。而且压力会导致一系列疾病，例如心脏病、头痛、消化不良、失眠、抑郁，长此以往，会损害我们的免疫系统，也不利于我们效仿积极的社交行为和情绪处理方式。用 fMRI 进行的研究表明，当人们感到压力时，他们会表现出更过分和不恰当的"与他人相关的反应"，换言之就是他们镜映他人感受的能力减弱了，管理同理心的能力也减弱了，这样，他们就无法表达认知同理，而认知同理和情感同情是建立积极的师生关系的必要条件，也对促进社交和情感技能学习很有帮助。此外，我们也都知道，感受到压力时，我们也容易分心，我们很难思考该怎样以合适的方式行事。当然，这也限制了我们进行有益的角色建模的机会。想一想，当你感受到压力的时候，你是怎么做的？如果你的孩子、伴侣或朋友开始提出要求，要你关注他们，你有多少耐心？当你自己都要努力才能保持清醒、冷静时，你就很难去关注他人。无论我们体验到的是哪种压力，一旦压力开始延续，并反复不断地作用于我们身上时，我们就很难关心身边人的感受。不断的压力会干扰老师的同情心和同理心，因而老师就只会关注教学。其实，在生活的任何领域都是如此。例如，压力会干扰父母或教师，让他们无法通过社交和情感处理技巧传授做人的基本素质。这也许能够解释为什么有些老师对学生没有持久的影响力，为什么他们无法与学生建立情感联系，为什么无法表达同情心和同理心，因此不被学生信任。更糟的是，另一种机制也会通过镜映系统将压力从老师身上转移到学生身上。

想象一下，你的伴侣发信息给你说他快要到家了。你很开心，因为你有好事迫不及待要跟伴侣分享。你满怀期待地等待着房门打开，然后就听到了"砰"的开门声。你冲过去见你的伴侣，但从对方的脸上你看得出，你的好消息是说不出来了，因为他一直在抱怨这一天过得有多糟，他喋喋不休地抱怨着工作多么不顺，同事多么讨厌。那么，你还会因为你要分享的好消息而开心吗？可能不会了，事实上，你很难不跟着他的情绪走，不久之后，你就从开心的心情转变成了恼怒的心情。同样，当老师感受到压力时，他不仅会把糟糕的情绪发泄到学生身上，还会传染给其他人。加拿大不列颠哥伦比亚大学人口和公众健康学副教授伊娃·奥博莱（Eva Oberle）就领导了一项开创性调研，证实老师感受到的压力的确能对学生造成一些影响。奥博莱和她的团队对加拿大温哥华城区 13 所小学的 406 名学生进行了调查，记录了上午 9：00、11：30 和下午 2：00 学生们在教室时的皮质醇水平。这为孩子感受到的压力提供了一种无争议的生物测量法。奥博莱还探索了老师的职业倦怠程度，她发现，即使调整了年龄、性别和清醒时间等不同因素对皮质醇水平的影响，仍可以从教师职业倦怠程度提高的状态中预测出学生上午的皮质醇水平较高。这表明老师的压力越大，学生的压力也越大。

老师承受压力的时候怎么跟学生建立情感和信任呢？正如第四章所述，此时很难建立情感和信任。更糟糕的是，老师感受到的压力也会对学生产生消极的影响。但是，当压力消除时，积极有效的角色建模，师生间的情感、同理心和信任则更容易生效，这也就意味着，孩子更容易将他们的老师当作角色楷模，并镜映他们的行为、价值观和态度。事实上，正如杰克逊的研究结果所反映的那样，与学生的单独接触和联系打开了一扇更大的门，让社交和情感处理技能的学习变成一种自然而然发生的过程。这个能力能够对孩子产生持续一生的积极影响。老师们的有效角色建模形成了一个良性循环，因为这有助于培养孩子的镜像系统。

青少年，尤其是那些处在危险环境中的青少年，需要尽可能多的机会来了解怎样以一种有助于他们一生的方式行事，这包括做出亲社会的行为——对他人表达同理心和尊重，帮助他人，克服情绪、情感的消极作用，了解怎样处理情感，怎样进行有效沟通。一项针对有积极角色楷模来帮助其学习社交和情感处理技能的高中学生的调研显示，他们不太参与拉帮结派和暴力性活动，心理上的幸福感更强，会参与更多有益健康的体力活动，也更多地使用避孕用具。正如我们在杰克逊的研究以及其他相关研究中看到的，这种社交和情感处理技能的积极建模有助于提高学习成绩。还有研究证实，这也能改善孩子与父母、同伴和其他成人的关系，巩固正面建模的积极影响和社交圈的良性循环。

因为理解了社交和情感技能教育所产生的更广泛的社会影响，现在人们越来越认识到社交和情感处理技能教育的重要性。2015 年，英国政府发起的一项调研探索了学校里社交和情感处理技能教育产生的长远影响。他们发现，忽略这些技能的培养，政府每年会损失约 170 亿英镑——这是"影响青少年的有害社会问题"这一项目的研究结果。这些问题可以通过老师的积极角色建模来得到有效解决，不过首先要做的是消除老师的压力。

老师的积极角色建模不只对弱势群体有利。我认识到了社交和情感处理技能的重要性，在我做的大部分工作中，这些技能可以作为教师角色建模的"副产品"传递给学生。

嵌入情商

社交和情感处理技能与心理学家丹尼尔·戈尔曼（Daniel Goleman）

说的"情商"含义有相当大的重叠。现在，人们普遍认为，情商高与智商高一样重要。我曾经为很多贫困儿童工作过，我也会一直这样做下去，而我认识的领军人物大多出身中产阶级或精英家庭。许多剑桥大学、哈佛大学的毕业生和顶尖的医务人员，虽然靠着优异的成绩和成功的学业纪录度过了学生时代，却因为缺乏社交和情感处理技能而遭遇挫折。跟格里戈里·豪斯的情况相似，许多人选择医学的本意是好的。他们本想在社交和情感世界中游刃有余，但到了后来，当社交和情感技能产生的细微差别开始产生显著影响时，他们才发现自己在这些方面的欠缺。个人的经历，如与伴侣离异、工作纷争，或者无法完成某项业务，会让他们认为，如果他们的情商再高一点，那么生活和工作就会更顺利。虽然他们上的是顶尖的学校，但这些学校更注重学业教授，而其他方面有时会被忽略，只因为学业教授是重中之重。换言之，在不同的背景下，各项技能的教授存在差距。

社交和情感处理技能会影响很多行业，例如，英国对 100 名牛肉餐厅的经理进行了调查，发现经理的情商越高，顾客的满意度就越高，餐厅的年收益也越好。会计主管、学校校长、办事人员和项目经理们也是如此，情商越高，工作上的表现也越好。除了职场，更高的社交和情感处理技能也会影响人的身体健康、对生活的满意程度和心理健康等方面。擅长社交和情感处理技能的人更不可能变得肥胖或嗜好烟酒。简单来说，正如相关报告说的那样："有关证据清楚地表明，社交和情感处理技能对人们生活至关重要，能够影响成年人的心理健康和对生活的满意程度，还会影响社会经济、劳动力市场、健康以及与健康相关的结果等。"

情商高的人可以在后来的人生经历中培养这些技能。他们有机会专注于此，并为此寻求帮助。并不是所有在正常工作中埋头苦干的人都有时间或意愿提高他们的社交和情感技能，但这可以给他们的生活带来巨大的不同。我的一位朋友，大卫·索尔，1990 年在一场具有历史意义的苏格兰橄榄球比赛中担任苏格兰球队的队长，他就在自己的职业生涯中汲取了这方面的教训。有一场比赛在苏格兰爱丁堡的默里菲尔德体育场举行，是苏格兰大满贯的决胜局，苏格兰球队的对手是"赌徒们的最爱"——英格兰球队。赛前，这支英格兰球队被媒体形容为傲慢自大的队伍。他们还没比赛就认为冠军"唾手可得"，球队的队长威尔·卡林甚至在电视采访中宣称，他们的球队比苏格兰球队更优越。更糟的是，一些英格兰队的球迷甚至在赛前穿着印有"英格兰 1990 年大满贯"字样的 T 恤抵达了爱丁堡。

大卫是一个很自信也很有想法的人，每次跟他交谈，我都觉得他在主动听我说每一个词，并且真正尊重我说的话，听的时候会认真思考。与其他人相处的时候，他也是这样——跟一大群人在一起时，他说的不多，但条理清晰，且很有影响力，他说的时候，人们都会听。作为球队队长，他一直是这样践行的，他的冷静和自信感染了整个球队。那一场苏格兰队冷静且自信地克服了所有困难，击败了英格兰队，以 13：7 的比分获胜。体育记者理查德·巴斯（Richard Bath）这样写道：

大卫·索尔因为一场比赛而被人铭记。就在这时，他为他这一方的球队做出了决策，坚定且自信地率领球队走上了 1990 年在默里菲尔德体育场对阵英格兰球队的大满贯决赛的球场。这是英格兰球队在五国橄榄球赛史上最受人瞩目的一次比赛中获得的绝对打击，从此之后，英格兰球队销声匿迹。索尔也成为苏格兰人的传奇……

大卫性格沉稳并不是制胜的原因，关键是他有自信，不自大，他的情商让他保持积极的情绪，而周围人也被感染了这种情绪，他们对待球赛的态度和方式与大卫保持一致。因此 1990 年的那场大满贯决赛，苏格兰获胜就是理所当然的事情了。

大卫就这样为那场球赛的胜利奠定了基调，而我们也同样为家人、同事和所有与我们有接触的其他人奠定了一整天的基调，教师们为孩子奠定了一天学习的基调。这种影响很微妙，他们自己甚至都不知道，不过影响是的确存在的。个人在家里发脾气，会毁掉孩子和伴侣的一整天，你生气了，他们也跟着很恼火，然后他们就会跟朋友一起逃学或者不去上班，跟老师或老板沟通的时候就会出问题，完成某项重要任务的时候就不能集中精力。作为球队队长，无论是自信、冷静的，还是因恼怒而大吼大叫的，这种风格都会在赛场上被球员们效仿。某些因素甚至能加深这种影响。例如，孩子会觉得父母的情感对他们影响深远，定义了他们的个性和生活方式，他们要做什么，要怎么做，都需要父母指引；老师可能并不会总是对班里的孩子产生积极的影响，但他们的压力肯定会传染给孩子；朋友可能会深深地伤害我们，但只要一句友好的问候，我们也会开心起来。

通过社交镜映他人的情绪，我们因而学会在生活中处理情绪的技巧，但是积极且有建设性的情绪表达方式比失控的情绪对我们更有益。加利福尼亚州佩珀代因大学的心理学教授路易斯·科佐利诺（Louis Cozolion）专门研究大脑中主管社交的结构的进化。他声称，大脑不是静态的，而是不断变化的，以适应我们进行的每一次沟通，适应我们自己以及与他人沟通交流时做出的每一次情感表达。神经系统总是在根据我们的沟通交流不断调整变化，这样，我们也在不断地学习社交和情感处理技巧。

令人焦虑的是，由于我们越来越多地将时间投入电脑和手机屏幕，与他人真正沟通的时间越来越少，因此我们学习这些技巧的机会也越来越少。这对所有人都产生了消极影响，因为它让我们的大脑失去了发育和进化的机会。孩子们受到了快节奏、技术化世界的阻碍，学校里对考试成绩的日益重视以及教育系统中相应压力的增加，进一步加剧了这一问题。

学校之所以不重视培养这些技能，主要原因之一是政府、组织和个人刚刚认识到这些技能的重要性，却并不清楚这些技能的具体影响，也不知道该怎样传授这些技能。我们没有恰当的方法来理解这些技能，更没法好好学习、掌握它们，因此政策制定者在做相应决策时就不会顺利。我们无法衡量这些技能的作用，因此也无法真正教授这些技能。我们通常会说，因为这所学校的学生成绩更好，所以这所学校就更好。令人感到讽刺的是，注重得分会在教育系统中造成压力，降低老师们传授社交和情感技能的能力，也限制了学生们获得更高学业成绩的可能性，这也就意味着高分通常是强逼出来的，学生社交和情感处理技能的培养仍然没有得到重视。我们可以创造一个良性循环，让人们将关注的重点放到社交和情感技能的培养上来。

其实，在适当的条件下学习社交和情感处理技能并不难。最自然的学习方式，也是我们的大脑已经成熟到能够进行的方式，就是通过角色建模学习。现在，我们已经越来越多地了解到大脑如何主管镜映行为。我们也知道，要学会这些技能，就必须经常看到、听到这些行为——这种事也许我们本能地知道，而且得到了神经科学研究的证实，培养这些技能的目的是使用它们。有什么事能比在学校花 15 000 小时去学习更令人振奋呢?

怎么将这种学习落到实处? 从政策方面而言, 我们需要改变一些基础政策。最显而易见的办法就是移除一部分压力, 完全移除压力是不现实的, 无论怎样缩减压力, 我们仍然活在这个忙碌的现代化社会中。一种直接的方法就是不将分数作为衡量成功的唯一标准。这听起来可能有点儿不现实, 但有些地方已经在实施了。

在芬兰, 老师们可以教授他们认为能够帮到学生的任何内容, 这里的学校没有任何强制执行的水平测试, 只在高中毕业时会有一次考试。各学校也不进行排名竞争, 不同的学生、学校和地区也不相互竞争。学校的教师是各大院校排名前 10% 的高才生, 这些人受聘之后还要获得教育学硕士学位才能上岗。2000 年, 多个国家的年龄为 15 岁的学生参与了一场国际水准的测试。芬兰的学生也参加了, 结果显示, 芬兰的学生最爱阅读。2003 年的测试显示, 芬兰学生的数学成绩也名列前茅。2006 年, 50 多个国家针对科学课程进行测试, 芬兰学生的排名也靠前。这些测试的另一项重要发现在于, 成绩最好和最差的学生之间的差异是最小的。芬兰首都赫尔辛基一所学校的校长玛娜·曼尼宁 (Marjanna Manninen) 在接受一次采访时称, 教育的主要原则之一就是孩子无论到哪儿都要学习:"赫尔辛基这座城市就是一个大教室, 这里有公园、市中心、动物园, 这些都是进行教育的理想之地。"换言之, 我们的大脑在进化过程中对环境做出了最好的反应, 通过使用大脑, 孩子的学习效果最好。我们的祖先也是在这样的环境中学习的。自然界中的动物们也是通过观察、学习、沟通或讲故事的形式来学习的。去掉测试和压力, 给教师自由, 让他们教授他们认为合适的内容, 这既能缓解老师的压力, 也能缓解学生的压力, 还会促使老师成为优秀的角色楷模, 为教师提供更大的自主权也能提高教师的工作热情。这些措施提供了一个更有效的平台，使学生既能学到学术知识，也能学到社交和情感处理技能。也许，这还需要结合不同国家的文化需求和社会经济环境，不过这件事我们责无旁贷。

角色建模和镜像思维需要被提上议程。相关证据表明，在教学时使用角色建模和镜像思维既有助于提高学生的学习成绩，也有助于促进他们学习社交和情感处理技能。有了这些信息，我们也可以用其他方法提高教师与他人沟通的能力，尽管这种交流沟通很有限。其中一个方法就是讲故事，这一点我们将在第六章详细阐述，因为它与镜像系统和内心的角色建模相关。

另一种能够帮助老师了解镜映系统和角色建模知识的方式，就是为他们提供更好的角色楷模。荷兰阿姆斯特丹自由大学的大学教育培训、评估和研究中心的米克·卢嫩博格（Mieke Lunenberg）博士对如何使教师的教育者，也就是从事教师教育培训的人接受最佳的职业培训很感兴趣。卢嫩博格博士说："教师教育者不仅要支持教师学习教学，还要通过自己的教授为教师提供'角色楷模'。"不过卢嫩博格也发现，无论在研究中还是在实际的教学工作中，这种基本的角色建模都被忽略了。卢嫩博格建议通过观察和讨论等方式学习角色建模，这既可以帮助教师的教育者成为更有效的角色楷模，也能帮助教师自己学习如何进行积极的角色建模。

我工作的重心之一就是促进人们的个人发展。这样做，尤其是在教育工作中这样做，有很多积极作用：能够提高我们进行有效建模的能力，促进传授社交和情感处理技能，保护我们免受压力。老师们应该接触企业提供的个人发展方式，这会让老师们有机会真正探索他们是谁、他们在做什么、他们的长处是什么、盲点又是什么、什么让他们觉得有压力、什么能缓解他们的压力、什么时候他们状况最佳、什么时候状况最差。这是成为优秀的角色楷模的关键。要真正充满热情地沟通，真正建立良好的人际关系，我们就必须知道自己是谁，立场是什么，怎样能说清楚。这就需要我们不断调整自己的言行，因为我们的环境和身边的人也在一直变化。

关注个人的成长和发展，以提高和成长为目标，同时增强自我意识，这对教师和学生在学习社交和情感处理技巧时的角色建模都有帮助。而且，所有人都能从中受益。自我认知是我们都"自认为"拥有的能力，但事实上可能并不是所有人都有。的确，我们中有 95% 的人都认为自己有自我认知，而事实上，我们之中只有 10% ~ 15% 的人真正知道自己是谁。有更好的自我认知能够提高我们的社交技能、决策技能以及处理压力、化解矛盾的技能。戈尔曼认为自我认知是情商的基石，如果我们希望老师能帮学生提高情商，那老师自己必须有高情商，而且愿意支持学生使用和培养情商。由于对老师的个人成长和发展方面的投资不如企业那么积极，所以我们要用其他方法来促进，例如我们可以用在芬兰行之有效的、名为"同伴分组指导"的方法，事实上就是同伴角色建模。这种方法已经被证实可以提高教师处理事情、巩固个人身份的能力，能够给他们自信，激发、支持他们以更有效的方式使用他们的技能。

此外，如果我们想要继续培养自己的镜映思维和情商，那我们都应该采用这样的方法。

显然，我们还有许多因素待考量，不过简单来说，现在大家都希望老师和学校培养出成绩优异的孩子，这给教育系统增加了巨大的压力，这种压力让老师无法发挥角色楷模的作用，也无法以一种能够激励学生，激发他们潜能，培养他们对学习的热情的方式教授学生。这种压力阻碍了老师与学生建立情感和信任，阻碍了老师向学生表达认知同理，还阻碍了老师向学生传授在生活和社会中必备的技能——社交与情感处理技能。课程表上的内容只是教育的一部分，要能够有效地进行沟通，与学生打成一片，让学生感觉自己被注意和倾听、被重视，让学生对学习和未来充满信心，这才是我们希望做到的。这看起来可能并不现实，但我们已经在芬兰看到了，芬兰的教育不仅仅关注学习成绩，那里的老师更能够自己判断该怎样通过这些方式全面实现自己的目标。这当然需要以自然的方式发挥镜像神经元的作用。在现代世界中，芬兰的教育方式支持而不是阻碍进化机制。在国家的投资下，芬兰的教师在社会中扮演着重要而受人尊敬的角色，其地位堪比律师或医生。如果我们考虑到教师的潜在影响，那么全世界都应如此。为了利用学到的关于镜像系统的知识，我们可以提供切实的机制来实现真正的改变。如果我们将重点放在支持教师上，希望他们能够变成角色楷模，与学生有深厚情感，与学生相互信任，向学生表达同理心，而不只是关心成绩，那么，这样做会产生很多积极效果，不仅能提高学生的学习成绩，老师也会更开心、更健康、更充实，最重要的是，学生不仅能获得不错的成绩，而且他们获得的社交和情感处理技能也会回馈他们，让他们真正发挥出自己的潜能。

第六章
讲故事和白日梦

随着历史的发展，无论在什么年代，无论在何种文化环境中，总有口才好的人在讲述各种故事，这些故事总是非常引人入胜。部族长老们会讲起某次村庄起火的故事，柏拉图和亚里士多德这样的哲学家说过的话我们至今仍然在引用。地球上的传奇人物，比如那些巩固了文化基石的作家博主们——他们讲述的故事成为人类文明的一部分。这些伟大的讲述者将文字编织在一起，以一种真实、感人、引人入胜的方式讲述，感染了他们身边的人。他们讲述的内容都是自己构思的，体现了他们对事物的理解和定义，这些内容通过镜像系统影响了听者的情感和行事动机。

有一个男孩，他的长辈也是上述这种能够用语言影响他人的领袖人物。我们知晓这个男孩是因为他持有的观念。许多人的观念性都很强，认为某种生活方式是不公平的。但这个男孩后来之所以能成为家喻户晓的人物，不仅仅是因为他执着于自己的观念并愿意成为百姓精神上的领路人，还因为他能够以一种能让周围的人驻足倾听的方式讲述故事。

这个人就是马丁·路德·金，他 1929 年 1 月 15 日出生于佐治亚州的亚特兰大城，父亲是一位仗义执言的民权运动提倡者，母亲是一位老师。金是一位非洲裔美国人，他有一位关系很亲密的朋友，是个欧洲裔美国人。6 岁时，由于当时的种族隔离政策，金和朋友去了不同的学校上学，而且朋友的父亲不让他们一起玩了。金一直遭受着这种不公正的待遇。高中时期，他开始热衷于公开演讲，参加了学校的辩论团队，而且以能言善辩著称。他成绩优异，喜欢医药和律法。大学时，他经常去听导师本杰明·梅斯（Benjamin Mays）授课。梅斯是民权运动领袖和大学校长。

马丁·路德·金深受导师梅斯和父亲的影响，他认为自己之后所走的路受到了父亲的影响。父亲和导师并没有说他要从事何种职业，只是因为金非常崇拜他们、景仰他们，将他们视为崇高的榜样，这样一来，他便很自然地追随了父亲和导师的脚步。

金和梅斯的关系很亲近，梅斯对金的影响非常深远——金甚至被视为梅斯"精神上的儿子"。金从父亲、外祖父、精神导师以及身边其他伟大的非裔演说家那里学习，后来，自己也发表了一次知名演说，就是 1963 年 8 月 28 日，他在美国华盛顿的林肯纪念堂向 25 万民权运动支持者发表的终止种族主义的演说，这次演讲被视为美国历史上最知名的演说之一。马丁·路德·金对民权运动的热情和关注，很明显受到了身边角色楷模的影响。

通过镜映的概念，我们就知道金的价值观、信仰观念、处世态度和抱负是从何而来的了。他一生中认识了许多杰出的演说家，从小就开始镜映他们的行为观念，并培养了自己在这方面的才能。他经常从梅斯那里听故事，他改进了自己的方式，让自己既立场坚定又不咄咄逼人，并且能展现对他人的尊重。这种方式不论在当时还是在现在都具有极强的感召力。多少年来，金在林肯纪念堂说的那些话一直振聋发聩。

我梦想有一天，在佐治亚的红山上，昔日奴隶的儿子将能够和昔日奴隶主的儿子坐在一起，共叙兄弟情谊。

我梦想有一天，甚至连密西西比州这个正义匿迹、压迫成风的地方，也将变成自由和正义的绿洲。

我梦想有一天，我的四个孩子将在一个不是以他们的肤色，而是以他们的品格优劣来评价他们的国度里生活。

我今天有一个梦想。

在这一小段引文中，我们可以想象佐治亚州的红山以及密西西比州压迫成风的环境，我们期望自由和公平早日到来，所有人如亲兄弟，人人都能坐在一起，孩子们能够自由选择自己的玩伴，跟金的遭遇完全不同。金用非常有感染力的意象，描绘了当时的情况和未来的图景，号召听众与他一起摆脱不公正的对待，共同创建一个平等的家园。他的语言充满感情，他说起遭受不公正对待的自己的孩子，以此来唤起听众们的同理心。他的真诚是显而易见的，他的话语是发自内心的，演讲内容由童年时被迫与自己的好友分别的体验激发而来。对他的欧洲裔听众而言，他的演说表达的是不要在"不明白他人个性"的情况下将无辜之人判为低贱之人，这唤醒了一些欧洲裔美国人的思想认知，不过，这种柔和的方式也使某些种族主义者更加肆无忌惮地抵制和反对他。

现代民权领袖约翰·刘易斯（John Lewis）称："马丁·路德·金通过他的演讲，不仅激励、教育了当时华盛顿的民众，还激励了全美国的民众及其后辈们。"

毫无疑问，马丁·路德·金的天赋与遗传有关，我们所有人的天赋都是如此。从人类刚刚诞生开始，每一代人都向后辈们讲过自己曾经历的事。通常，这些故事不是从书中读到的，而是大声说出来的，都是生活的故事——自己的生活、父母的生活，以及祖父母的生活。我经常希望能记录下我祖母曾经告诉我的许多事，以及她生活过的地方的细节，还有战时她的生活发生的不可思议的变化。故事是有魔力的，我们能从长辈们经历过的那些故事中汲取道德和价值观念，但偶尔也会忘记故事中的人名、地名。我的祖母卢比曾告诉我她年轻时的故事——她不幸的童年，她给伦敦某个富裕家庭当保姆的经历，以及她被不同的追求者追求的经历。有一次，她跟我讲了英国肯特郡诺尔公园的一次舞会，在我的童年记忆中，那就是灰姑娘参加舞会的王宫。这些故事很详尽，很清楚，充满感情，我听她描述衣服布料的颜色、长袍的手感，人走向富丽堂皇的大厅的场景，以及浪漫的爱情故事。跟马丁·路德·金一样，我的祖母通过镜像神经元刺激我的感官，加强我的同情心和同理心，激活了我大脑中的很多区域。

我们都有故事

每一个家庭都有一个故事，作为人类，我们通过故事传递信息，讲故事的能力提供了机会，让不同世代的人相互镜映，对塑造世界各地的文化和社会做出了巨大贡献。从进化的角度来看，讲故事非常关键。千万年前，人类没有常规的教育，没有书籍，人们接收信息和学习技能的主要方式之一就是讲故事。白天，孩子们或跟随父亲去狩猎，观察父亲的每一个动作；或跟随母亲去摘浆果，分辨哪些是可以食用的，哪些是有毒的。晚上回来，大家围着火堆取暖时开始讲故事，内容包含先辈们的传说、历史故事、人们犯过的错误，构建他们生活的风俗习惯、价值观念和行为准则等。这种习惯持续了成千上万年，一直延续至今。虽然我们可能并没有清楚地认识到家庭的观念和信仰，但它们已经一代代传承下来。除了知名人物，还有许多家庭的故事并未被记录下来。那我们是怎么记住这些故事的？就是通过观看照片，还有倾听与这些照片有关的故事。我们就是这样在大脑中储存这些记忆，赋予它们含义，将其不断分享、传播开来的。

故事讲得好，既能吸引孩子，也能吸引成人，并且在传承道德和价值观等方面起着至关重要的作用。我们在童年时代都会乐于听他人讲故事，但长大之后呢？除了戏剧和文学作品，讲故事也对我们有影响吗？为什么讲故事对我们的镜像神经元很重要？心理学家让·狄迪（Jean Decety）说，我们之所以能成为独特的物种，是因为我们具备"有意识地用想象模拟现实和虚拟世界"的能力。我们都能够倾听和编造故事，设想我们或他人生活中曾经发生和即将发生的事情。这不仅让我们具备了重要的社交技能以及传播信息的方法，也是我们沟通、学习、与他人建立人际关系的重要手段。负责这些活动的主要因素就是镜映思维。故事是很有力量的，不仅仅因为它们吸引人，能让人开心，还因为它们能激活听者的大脑。镜像神经元促使我们"具身模仿"他人的行为、思想和感受。

这是怎么做到的？好吧，这是因为我们听到的内容能够激活大脑中掌控语言的结构，帮我们推测他人话语的含义，进而理解他人。然而，这并不会激活大脑中的其他部分，不能让我们与他人建立情感上的共鸣。例如，上课的时候，教师只讲述课程内容，那么，教师就没有以一种有效的方式与学生构建角色建模的基础。

同样的信息以故事的形式传入大脑，那么被激活的就不仅仅是主管语言的区域，还有其他与故事有关的不同区域。法国语言动力学实验室的神经心理学家维罗尼克·布伦格（Veronique Boulenger）用脑成像技术证实了讲故事对人的影响。布伦格发现，当接受调查者听到如"约翰抓住了某物"或"帕布罗踢球"这样的句子时，他们的脑成像图显示，主管抓握或腿部运动的运动皮质区会被激活。其他脑成像研究也显示，当我们听到与气味有关的内容，如肉桂、氨、薰衣草这样的词汇时，大脑中的嗅皮质会被激活；当我们听到关于材料质地的词汇时，我们大脑中主管触觉的感觉皮层会被激活；当我们听到颜色和形状时，大脑中的视觉皮层会被激活；当我们听到某种声音时，听觉皮层也会被激活。这就是说，故事创造了丰富多彩的情感刺激，让听者像是真正体验到了故事所描述的事情一样，这比事件本身能激活更多的神经区域。听者的大脑镜映了讲述人的大脑。听的时候，听者的想象力就被激活了，情绪和情感也被激活了。听者不仅懂得听到的内容，也与听到的内容产生了情感上的共鸣。所有好听的故事都会用到类比和比喻的修辞手法——马丁·路德·金的演说就是这样的范例。

以普林斯顿大学神经科学研究所的心理学教授乌里·哈森（Uri Hasson）为首的神经科学家团队证实，讲故事的时候，讲故事者和听故事者的大脑会同步反应。2010 年，哈森和同事们用 fMRI 技术记录了讲故事时讲述者和听者的大脑活动，他们发现，讲故事时两者大脑活动的区域和时间是一致的。也就是说，讲故事时，讲述者和听者的大脑活动相互镜映，区域是一致的，大脑区域被激活的时间也只有一点点差别。哈森和他的团队发现，之所以产生这些差别，是因为听者的大脑会处理讲述者讲述的内容。哈森解释道，这个过程就相当于让听者亲自"观察"及体验事件，而不是靠他人和身处的环境来感知。听者在大脑中镜映听到的内容，复制故事讲述者的大脑活动。结果，故事讲述者和听者就产生了强烈的情感和认知共鸣。听者的大脑活动意味着他们接收到了故事中的主要信息，并且记住了其中的内容，就像他们也亲身体验了故事所述的内容一样。这是一种强有效的处理过程，因为故事向我们展示重要知识的同时，我们的镜像神经元也被激活了。在文字产生之前，我们的文化和社会习俗就是这样被学习、维持并巩固的。

2018 年进行的一项调研显示，听故事时，我们首先关注的是人物而不是故事情节，也就是说，当我们听他人讲故事时，我们最先关注的是故事主角和他们遇到的人，然后才是故事内容。这再次证实了他人对我们大脑的影响。当我们听故事时，大脑中主管感知人的因素的区域就被激活了。例如，当我们听说某人感到害怕和绝望时，大脑中的相应区域会模仿这些感觉。镜像神经元镜映了我们听到的内容。加拿大安大略省麦克马斯特大学的神经科学家们于 2018 年进行的一项研究证实了这一点，他们用 fMRI 技术来检测受调查者的大脑。受调查者收到了有"医生发现患者体内有剪刀"或"渔夫从冰冻的湖中救出了男孩"这种标题的报道，他们读这些内容时，研究人员对他们的大脑进行了扫描。然后，研究人员要求他们用手势、肢体动作和图画等描述报道的内容。研究人员发现，无论采用什么方式，受调查者大脑中主管感知人的因素的区域活动频繁，这一区域会感知主角的行为动机和意图，以及人物的思想观念、情感情绪和行为。

克莱蒙特研究生大学神经经济学研究中心主任保罗·扎克（Paul Zak）博士主持的研究表明，故事不仅塑造了我们的大脑，还改变了我们的态度、观念和行为，鼓舞了我们，让陌生人凝聚在一起，让我们的同理心更强，待人更慷慨。这个结果一点也不令人意外。我们的社交能力以及对社会的依赖性，决定了我们会使用故事进行人际、代际和国际的重要信息和价值观念的传播。通过 fMRI 技术，扎克和他的团队发现，人物鲜明、情感动人的故事更能吸引大脑的关注，这意味着这些信息比单纯的叙述更容易被人记住。

通常，我们都没有认识到自己听故事的时候，身体会发生反应。不过，一旦我们感受到这些反应，故事就会打动我们，给我们带来娱乐，我们会觉得受到了教育，但有时候也会陷入想要控制我们思想的人设下的圈套。我们之前已经知道，讲故事这种方式在生活中随处可见，我们可以用讲故事的方式来筹集善款，让教师们分享知识，让纪录片制作者获得灵感，让影视剧作者创作出令观众吃惊、入迷的影视剧，让广告商家们售卖货物。广告商家和营销者们都知道我们的大脑是如何反应的，于是便利用我们的潜意识劝说我们购买他们的产品。例如，你怎样使一种卫生产品具有情感上的吸引力，变成让人们想要购买的东西？在 2014 年的戛纳创意节上，为了推出"像女孩一样"（Like A Girl）广告，作为营销计划的一部分，宝洁公司对不少年轻女性进行了"自信心状况"调查。该调查表明，青春期时，女孩通常会缺乏自信。宝洁旗下的护舒宝品牌 Always 的品牌经理们发现，出现这种情况，大部分原因在于性别刻板印象，人们通常认为男人比女人更加强壮，更有力量。他们常常认为，男孩绝不能表现出女孩的特质，似乎做女孩并不好。在品牌价值主张的案例研究中，营销者们声称："像女孩一样"这种表达通常被用来取笑一个柔弱、过分情绪化或没用的男性。他们以前也是用这样的话引导观众情感的。研究人员进行了真实的社交实验，他们要求接受调查者（调查者不知道研究人员的身份，认为他们只是随意询问的路人）做一些"像女孩一样"的行为,比如跑步、打球、扔球、打架,接受调查的成年男人、男孩和女人都以一种无力且缺乏热情的方式去做,但是,青春期前的女孩是活跃、自信而坚强的。这就是说,在受到社会影响之前,这些女孩是自信的。宝洁在戛纳创意节上推出的"像女孩一样"的广告极具感染力,引起了人们的共鸣,视频分享次数超过 9000 万,广告语"像女孩一样"在创意节活动的前三个月被使用超过 177 000 次。2015 年 3 月,这则广告受到了联合国的关注。广告商声称,这则广告将"像女孩一样"这句话的含义从侮辱意味变成了赞美,这则广告可能并没有完全改变人们对女孩的印象,不过它确实促进了销售,顾客的购买意愿增加了 50%。它可能并不会改善人们的文化观念,但的确产生了积极的影响力。

我的丈夫有一位塑造过许多令人难以置信的有趣的营销形象的好朋友,他对讲故事有着巨大的热情,这是他从小听祖母讲故事时学到的技能。从雪茄到飞机,从在线酒店到音乐行业,他成功地为各种产品编写了美妙的故事。在阿迪达斯,他在"一切皆有可能"的营销战中举足轻重。参与此次活动的有拳王穆罕默德·阿里、长跑运动员海尔格布雷·塞拉西、知名足球运动员大卫·贝克汉姆和 NBA 球星特雷西·麦格雷迪。广告的观众会萌生这样一种共同想法:所有人都会遭遇挫折,但也都有希望;虽然人人都会面临挑战,但通过努力,我们可以创造新的纪录,改变以往的惯例,将不可能变为可能。这则广告像游戏《糖果粉碎传奇》(Candy Crush)一样对文化环境产生了巨大的影响(在荷兰,有 1/7 的人在玩这款游戏);英国在各地修建了体育馆支持奥运会,这些场馆的修建使贫困地区的人们参与体育运动的概率提高了 110%,这也提升了人们的幸福程度,减少了青少年犯罪的概率。好口才让我们有了强大的交际能力，并让我们每个人都能成为角色楷模，为听者树立榜样，向听者传达我们的价值观、信念和理想。上述这些案例除了增加了产品的市场份额和销量，体现了商家的良好愿景，还产生了更广泛的积极效应。但有时候能言善辩也会产生消极的影响。

媒体上传播的图片和故事以及世界各地的名人轶事，每一天都会对我们每一个人产生影响。我们演绎着心中的故事，这些故事在我们的神经网络中形成，让我们不假思索就做决定，这导致我们有太多时候都是盲目的。也就是说，技巧熟练的演讲者能通过演讲沟通的能力改变自身境况，隐藏自身不好的地方。

领导者可以利用自己的影响力做积极正面的角色楷模。一个好的领导者可以通过沟通和口才激发追随者的同情心和同理心，让他们更明晰自己的主张，使这些主张更有意义。这让人们知道自己该相信什么，该重视什么，前方的路途究竟是怎样的。讲述者口才好，他讲述的信息才会让人们记得更清楚、更准确，铭记的时间也会更长。

白日梦的作用

我们听别人讲故事时，会在脑海中想象听到的内容。我们也可以运用非常有效的方式来发挥想象力，不宣之于口，只给自己讲故事。从心理学角度而言，这就是"做白日梦"。运动员们也经常使用这种技巧，他们称之为"具象化"。自己给自己讲故事，"做白日梦""具象化"其实是镜映思维的另一个重要方面。

来我这里咨询的许多人都是发愤图强之人，他们很少有空闲时间，因此他们觉得没时间"做白日梦"：行业领军人物、医生和咨询师们都专注于实现下一个目标，没有时间让思想游离身外。但我鼓励他们都去尝试一下。向我咨询过的最经常使用想象力的是时尚设计师，以及实现目标需要依靠灵感的创意总监。不过，"做白日梦"并不只适用于创作型工作，或是让我们漫无目的地去想象、去思考。在研究"做白日梦"方面最知名的研究人员是杰罗姆·L. 辛格（Jerome L. Singer），他现在是耶鲁大学医学院的心理学名誉教授。辛格对没有意义的白日梦（例如过分担忧而让我们无法集中精神做事的白日梦）和"积极的、有建设性的白日梦"进行了区分。辛格声称，这种积极正面的白日梦需要我们使用幽默且带着期望的想象，或幽默的创意思维和想象，这些都是保持健康的心理状态所必备的因素。在"积极的、有建设性的白日梦"中，我们也可以规划未来，可以想象明天、明年或几十年后会变成什么样，可以考虑解决问题的方法，可以回忆过去，即回顾过去发生的事以及那些事对现在的意义。让创意家去创造，让运动员去"具象化"的，正是这种类型的白日梦，它还可以激发其他积极的成果。

这种内心角色建模，镜映事物本来样子的方式，是我们在无意识之中完成的。我们也都很熟悉这样的案例。你可能会遇到这样的情况，可能读书的时候有几页根本不知所云，或者洗澡的时候忘了时间，或者开车时想着其他事情而忘了欣赏路边的美景。你有时可能会担心：我出门的时候锁门了吗？带手机了吗？有时候你根本没有用心对待，却突然解决了很棘手的问题。据估计，我们一生有 50% 的时间都在做白日梦。可想而知，要是我们能够掌控这些时间，这对我们会多么有益。

可能你在还没有意识到的时候，就会有意地做白日梦和想象，举例来说，你可能会想出门度假需要带些什么，上班需要带些什么，参加聚会要带什么礼物。你会在为工作而忙碌时抽空为周末做计划，或者一边吃零食一边胡思乱想。要想做有建设性的白日梦，神游物外时考虑各种创意，这不是轻易就能学会的，这种技能可能只有少部分人容易掌握，或者说只有他们的这种技能更为高效。然而，这也是一种值得学习的技能，学习的方法之一就是解析做白日梦在镜像神经元中实际生效的不同方式。精神分裂症是一种很有说服力的表现方式，体现了如果我们失去对想象力的控制，相关的大脑机制会发生什么变化。近 70% 的精神分裂症患者都有幻觉，这是一种内心的体验，可以察觉他人没有体验过的感觉。这种感觉被一些学者称为"退化型的想象"——之所以说是退化型，是因为这些感觉只是患者无意识的想象片段，患者并没有直接地自愿控制它们。虽然我不喜欢这种贬损性的语言，但重点在于，在患有这种病症的人头脑中，想象力发挥着重要的作用，更重要的是，这已经被明确地定义为镜像神经元的功能失调。例如，当人们遭受严重的幻听时，镜像神经元的活动会增强。人们普遍认为这种疾病与镜像神经元紧密相关，某些学者甚至还认为，这种病症的其他症状能触发镜像神经元系统的"病理化重组"。这听起来可能太过专业难懂，简单来说就是镜像神经元的不正常重组。大脑在帮助我们处理现实问题方面作用很大，但不幸的是，从那些患有心理疾病的患者身上来看，大脑对我们的内在影响深远。如果我们足够幸运能控制它，那它当然就能成为我们能够利用的东西。

以建设性的方式使用白日梦——预测未来

我之前提到，使用想象力的一种有效方式就是用它来预测未来，让我们的思维进入还未成为现实、只是可能会发生的范围之中。这对我们的心理健康极为重要，让我们设想并期待积极的效果。同时，它对我们设定目标也很关键，让我们决定自己要做什么，怎么做，什么时候做。

"预测未来"的作用之一就是让我们在头脑中储存复杂的信息，以便解决问题，提供选择。创造无限可能听起来是异想天开，但有史以来，许多具有开拓性的行业领军人物、发明家和科学家做的就是这样的事。早在500年前，著名画家达·芬奇就想象，人类未来会有降落伞、直升机，甚至是坦克。爱因斯坦则不局限于牛顿力学，提出了狭义相对论。艾米琳·潘科赫斯特认为，在这个世界上，女性也可以在政治方面充分发挥作用。罗莎·帕克斯则认为，总会有一天，非洲裔美国人上公交车后能坐在自己想坐的位置上。马丁·路德·金则期盼"我的四个孩子将在一个不是以他们的肤色，而是以他们的品格优劣来评价他们的国度里生活"。商界的亨利·福特希望开发出一款汽车，比尔·盖茨希望每个家庭都有一台电脑。

用想象力解决概念性的问题很有效。通常，领导者都需要有谋略，而这意味着要往前看，要思考还未发生，甚至被认为不可能发生的事。"策略性思维"的定义多种多样，但从宽泛的角度而言，这是一种提前考虑企业机构数年内应达到的目标的能力。这并没有那么简单，因为还需要考虑市场的潜在变化、可能存在的威胁和机会、投资和资金短缺以及其他许多因素。换言之，它需要你的大脑通过想象同步处理多种信息：设想各种可能，推测可能的结果，最后做出决策并部署行动。当然，这也需要制定文案，与他人讨论并推广。不过，即便有足够的财务支持，发挥想象力仍然是相当重要的。我们都是这样使用想象力来制订计划、设定目标，并考虑各种可行方案的。从这个角度来说，我们与上述那些先驱者是相似的，这听起来可能不现实，但至少，我们可以以最有效的方式进行前瞻性思考。这些小小的镜像神经元真的很有用。

以有建设性的方式使用白日梦——创意

我们的想象力通常都很神秘，很难定义有些人根本就不知道想象力是什么，故而认为自己没有想象力，事实上，我们每个人都有想象力，也就是创意。具有非凡创意的艺术、音乐、文学作品和时尚产品让我们的生命增加了厚度和色彩。在商业领域，创意是让我们在竞争中出人头地的必要条件，当今社会，技术日新月异，人们有了做实验和犯错的空间，而这也让我们产生了更多创意。

近代研究创意和大脑的心理学家们将创意认知定义为"一系列用于支持产生新奇的、有意义的方法的心理活动……通过内心活动而自主产生的思想"。创意的诞生需要动用大脑里多种神经组织，不能单靠镜像神经元或大脑中的其他组织。然而，产生创意的基本是大脑的探索学习区，这一区域掌管记忆、认知和创新能力。此外，"内在的心理活动"据说也是依靠镜像神经元完成的。

1958 年 6 月 7 日，有一个人在美国明尼阿波利斯出生，他让数百万人逃离了现实纷扰，给他们带去了快乐和享受，人们认为他的想法是新颖而有用的，这个人就是普林斯·罗杰斯·内尔森（Prince Rogers Nelson），他的母亲是爵士乐歌手和钢琴家马蒂·德拉（Mattie Della），父亲是歌曲作家和钢琴家约翰·刘易斯·内尔森（John Lewis Nelson），他喜欢安静，说话轻声细语。在音乐氛围中长大，年轻的普林斯的镜像神经元中储存了许多音乐人的信息，供他观察、倾听、模仿。5 岁时，他第一次见到父亲演奏乐曲。他说："这真的很棒，我简直难以置信。听众们都在欢呼。从那时起，我就想要成为一名音乐家。"7 岁时，他开始自学钢琴和谱曲，他还学习了 27 种乐器。

1978 年，他用他的名字"普林斯"发行了自己的第一张专辑，从此成为最具影响力和最多产的音乐家之一。他从小就自学音乐，对音乐的执着让他成了一名艺术家，他的音乐、服装和舞蹈之精美，远超常人的意料。他不断探索，从不害怕尝试，而且在以一种无拘无束的方式不断进行尝试。他曾对他的一位舞者说"要将跳舞当作更高级的使命"，这也体现了他在舞蹈方面精益求精的态度。他突破了性别的界限，穿高跟鞋和长筒袜，却仍能体现男性的魅力。这种开放式的体验通常被认为是激发创造力的必要条件。他非常自信，一生都拒绝妥协从众，这让他的创造力蓬勃发展。他所有的音乐作品都是自己创作的：他每天都写一首新的歌曲，创作一些与众不同的东西，他经常用各种乐器演奏自己的作品。他拒绝让自己签约的第一家唱片公司——华纳掌握创作权，只有在他能够自己制作音乐的情况下，他才会签约。他很专注，很好奇，也很好学。

除了在音乐上是一位领军人物，在其他方面，普林斯也是如此。这得益于镜像神经元。普林斯的创造力很强，而且思维灵活，镜映思维带给他的好处远不止这些，这种影响体现在他的成长历程中。尽管他走出了属于自己的独特的音乐之路，但他从小就在音乐氛围中长大，最初的音乐学习也是通过镜像神经元完成的。与他类似，所有孩子都是这样，在不经意间效仿父母和周围环境的过程中开始镜映、学习。

有趣的是，镜像神经元最初是从动作模仿中发现的。我们看到某些动作后会去镜映这些动作，音乐创作也是如此。普林斯的所有乐器弹奏，从打鼓唱歌到使用风铃和木板，这些"有助于产生乐声振动的协调良好的动作"都需要镜像神经元，以便让观察者看到这些动作是怎样产生的，以及应该怎样复制这些动作。2006 年，麦吉尔大学健康中心的神经学科学家伊斯特万·莫尔纳－萨卡奇（Istvan Molnar-Szakacs）的一项研究表明，利用镜像神经元不仅有助于人学习和演奏音乐，而且能真正让听者和音乐家的大脑活动同步。这跟我们讲话时听者与讲述者大脑活动同步的机制是类似的，"这种共享的音乐表现形式的感染力与共享的语言或动作的感染力相近"。莫尔纳－萨卡奇解释了听音乐、运动过程中大脑活动同步的情况，表明演奏音乐的人和倾听音乐的人的大脑活动会同步，舞者和观众的大脑活动也会同步。主管音乐和舞蹈的都是额顶的镜像神经元，这也是大脑中更高级的部分。音乐天赋的高低不只与智商有关，也与高级的镜像神经元系统有关。演奏音乐的人与倾听音乐的人的大脑活动同步，这体现了镜像神经元的另一种关键作用，这种作用表现为倾听音乐的人对音乐家的情感流露，自己崇拜的音乐家过世时的情感流露是这种作用更典型的表现，如近年来大卫·鲍伊、乔治·迈克尔和普林斯过世，歌迷们纷纷表示哀悼和惋惜。

2002 年时，我有幸在英国伦敦的哈默史密斯·阿波罗剧院参加了普林斯的音乐会。我从小就听他的音乐，也一直很喜欢他的作品，经常去买他的专辑，但并不是他的狂热粉丝。后来，我认识了我的丈夫，他也欣赏普林斯的才华，对普林斯了如指掌。我能理解丈夫的热情，但我真正见到普林斯时也没有过度兴奋。不过那场音乐会打动了我。在我看来，他与歌迷们的情感是深厚的、独特的。听闻他的死讯，我感到非常难过，这一点连我自己都觉得诧异。

普林斯为什么能感染如此多的人？理由有很多：人们都崇拜他的创意、个性、勇气和好奇心。不过，我认为，人们之所以如此倾心普林斯，是因为他在音乐中展现了自己。莫尔纳－萨卡奇称，音乐的表现形式传递出了音乐创作者的情绪和情感状态。作品的每一种组成都发挥着自己的作用——歌词体现语言上的含义，不同乐器演奏出的旋律以及不同的音符、舞蹈的含义更为复杂。我们复杂而微妙的情绪、情感，或者说普林斯的情绪、情感，就是以"不需要通过中介认知来移情，而是自动且直接'动态识别'，或在心里模仿他人的行为情感"。这样的反应让我们感觉自己和音乐家彼此联系了起来，就像人们听故事时会在大脑里模拟故事情节一样。就这点而言，音乐家是那种把创意通过镜像神经元系统与我们的情感相连的角色楷模。他们还教我们怎样使用想象力开发创意。以普林斯为例，他让他的想象力漫无边际。许多人都认为创造力离我们很远，但我们都可以利用镜像神经元的运作机制来发掘这种能力。

这就是培养元认知技能的用处，并且我们可以通过实践逐步提高利用这种技能的能力。元认知技能是一种对认知更为深思熟虑和有意识的控制能力，能够帮我们区分白日梦和现实。我见到过许多拥有这种技能的人，虽然他们可能并没有认识到自己具备这种能力，但他们一直在使用它。相似地，我们也可以利用认知同理来控制我们的情感同情。2019年，对来自智利共和国首都圣地亚哥 8 所高中的 228 名学生的一项调研就体现了这种控制的影响。研究人员用一种名为"吉尔福德替代用途测试"的方式测评创造力，结果显示，能够控制自己的注意力，且能够有意识地利用白日梦的学生更有创意。负责这项研究的心理学教授戴维·普瑞斯（David Preiss）称："创意可能是受控思维和自主思维组合作用的结果。"参与这项研究的某些学生有创意，有些则没有创意，不过创意是能够通过实践得到巩固的。这需要培养元认知技能，这种技能可以让人自如地切换有意识和无意识思维，可以通过实践或心理作用培养巩固。

以有建设性的方式使用白日梦——反思

各行业的领军人物还会以这样一种方式来运用想象力，就是反思，这可能不适合被称为"白日梦"，不过辛格认为，这也是"白日梦"的一种很重要的运用方式。更重要的是，虽然未经证实，但我们可以认为它需要镜映思维，即通过对过去事件的心理回顾来重新体验过去的事件。与精神分裂症一样，若我们不能控制思绪，一直被过去的事情困扰，那么这样的回顾可能是消极的，就像创伤后应激障碍（PTSD）患者经常体验的那样，但对大多数人来说，这是一种非常有效的工具。

反思可能是无意识发生的，例如，你坐在书桌前回顾不久前刚刚度过的假期，或者你试图推测某人跟你说过的话的含义，这时，你不自觉地就开始反思。这对你很有好处，因为这会赋予你过去的体验经历以一定的意义。例如，白天，一位同事对你大吼大叫，这种"心理重建"可能会让你想起他们早些时候曾抱怨他们感觉特别累，特别压抑，因此你的大脑会将他们这种不寻常的反应记录下来，让你利用。这种类型的"白日梦"也有助于培养某些社交和情感处理技能，包括同情心、道德理性、对自己和他人行为及情感反应的理解能力以及考虑他人观点的能力。尽管你使用这些技能时并没有意识到它们的存在，但它们在任何社交场合都是必不可少的。

我记录他人情况时，总是会问问他们过去的经历，以推测他们将来可能做出的行为。我们都会反思过去，如昨天、上周、去年发生的事情，不过，忙碌的时候，我们疲惫不堪，只顾未来还要完成什么事，或者只愿意去想周末要做什么来休闲放松。读一本传记需要我们进行有意识的反思，我认识的许多人都有相当长的一段时间没有这种经历了，不过这种反思会带给我们启示和见解。我认为自己只是一名推动者，因为通过反思得到的见解通常来自我们对事件的重新评估，我们需要时间和空间来做这种有建设性的反思。

有一段时间，我在一家国际石油公司工作，帮他们重组一个有上千名雇员的部门。其中一个人来自得克萨斯州的休斯敦城，他已经在自己的职位上工作了 15 年，但显然他并不适合这个职位。我必须写一份报告阐述他的个性，陈述要怎样安排他，以促进公司的全面发展。我真的很讨厌做这种分析，我怀疑是否真的有人喜欢这种工作。我深受折磨，难以安寝。回到公司交报告时，我真的很担心。我坐在他对面，把报告递给他，等他读完。读完后，他开始大哭。这个五大三粗的男人在我面前呜咽不止，见他伤心成这样，我的心都提到了嗓子眼。我深吸一口气，然后问他出了什么事。他想到了什么，但只回了一句："我现在不用担心了。"我吓了一跳，不过他又继续说："多年来，我一直从事着一份错误的职业，我像行尸走肉一样忙着工作，根本不知道自己在做什么。现在，我终于可以去找寻真正喜欢的职业了。"我们大部分人在自己的生活中都有过这样的感受：时光飞逝，但我们就像行尸走肉一样活着。不是所有人都有经济实力去追寻自己的梦想，不过，安于不适合自己的工作和生活，这并不是进化得来的。我们的祖先白天出去狩猎、收集食物，确保自己的安全，晚上则一起坐在火堆旁讲述过去的故事，回忆白天的经历，看护火堆并思考，反思自己犯过的错，思考未来怎样才能不犯同样的错。

我们常认为，反思就是回顾过去发生的事，不论昨天发生的还是多年前发生的。反思这件事可能做起来"很不错"，却不会产生什么效果。然而，20 世纪末，美国哲学家约翰·杜威（John Dewey）将它描述成一种有目的的活动，"一种能深深影响人的经历体验的动态的心理过程"。他说："我们不是从经验中学习，而是从回顾自己的经历中学习。"这一观点被数十年的研究证实。很多东西都是从反思中得来的，而不是从无意识的白日梦中得来的，但我们有意识地进行反思时，我们的认知和表现显然会改善。的确，一旦我们对某一领域有了一定的认识，那么，反思就比行动或体验对我们的学习更重要。一项研究以医生为例对上述内容进行了验证。

请想象一位正在实习期的心脏科医生的经历。她刚刚在导师的指导下完成了 10 台手术。对所有人而言，让这位医生尽快休息才是最好的。想象一下，接下来她又面临这样一项任务，就是花时间为接下来的两周做日程安排。她也可以用这些时间再做 10 台手术，或者回顾几台手术的过程，思考她的步骤是否正确。

反思的过程中，她并没有真正在手术室里进行手术，但研究显示，对医生来说，反思手术过程比在手术室里花时间进行手术更加有益。反思手术过程会让她成为一位更优秀的医生，并对她接待的病人产生有益的影响。这就是利用镜像思维慢慢达到目的的案例之一。

科学家已经证实，这是我们大脑的正常运转过程。如果进行深入思考，我们的大脑就会拥有一种发展认知的能力（也就是思考并解决问题的能力）。我们会更了解要做的任务，更加相信自己能够完成任务。看一看世界上那些优秀人物，他们常常反思，例如，本杰明·富兰克林、爱因斯坦、玛雅·安吉罗、柴可夫斯基等。反思的时候，我们需要动用想象力去回忆事情，重复"播放"事情，思考事情发生时当事人和其他人的情绪、情感，人物行为的含义，事情的高潮低谷，能从中汲取的经验及教训。

因此，无论我们的生活变成了什么样，花时间进行反思，也就是有意识地"做白日梦"，是非常有效的。反思不仅是一种学习的途径，它还会对我们的心理健康和幸福产生积极的影响，因为它能让我们以一种有建设性的方式应对焦虑和担心。它让我们对自我的认知更加清晰，这样我们就能知道是什么干扰了我们，就能明白该怎样掌控自己的生活，就能欣赏并感恩我们拥有的，就能记住曾经度过的欢乐时光，记住别人说的善意的话、行的善意的事；它还能让我们更明白自己是谁，自己想要什么，让我们认清我们所在的世界，让我们更清楚我们擅长什么、最喜欢什么。也就是说，我们可以花更多的时间去关心上述内容。如果不留一点儿时间进行反思，我们就会像上文所述的那名石油公司的员工一样，虚度光阴。

虽然反思有上述好处，但这不是我们当代社会积极鼓励的事情。有些专家担心，如果太过依赖我们通过科技和社交媒体与他人建立的联系，那么我们做白日梦、反思的机会会被剥夺，孩子尤其如此。科技的快速发展不仅剥夺了孩子们参与学术教育的机会，给本已经被课业负担压得喘不过气来的孩子增加了额外的压力，而且像我们之前探讨过的那样，剥夺了孩子们学习社交和情感处理技能的机会，它阻碍了人们进行面对面的沟通交流，妨碍了人们进行反思，而反思通常能让我们思考经历和情感关系对我们个人的意义。加拿大的一项研究调查了 2300 名年龄为 18 ～ 22 岁的大学生，结果发现，在 5 年的时间里，学生们发送短信的频率越高，他们反思的时间就越少；发短信频率越高，道德反思的时间就越少。我们把时间花在发短信、使用社交媒体上，这些活动需要我们大脑的应激反应区参与，而活动更有目的性的探索发现区的参与较少。现在的学校极少对孩子进行社交和情感处理教育，而这是我们应该重视的。通过角色建模引导孩子们进行反思，这也是一种提高他们社交和情感处理技能的办法。护理专业的学生经常被鼓励写日记，记录他们的想法和感受，记录他们救治伤患之后的感受，以帮助他们理解患者、提升洞察力、完善自我认知。研究证实，坐下来记录经历和感受能让护理人员理解救治过程，提高他们的幸福感。只需要一点点指引，我们就能很好地记录和反思。在学校，我们不需要特意训练和鼓励，就能让学生们这样做。

我们可以利用讲故事这种机制更有效地与周围人沟通交流，以高效的方式进行角色建模，并以独特的共鸣传递信息。此外，我们可以通过镜像神经元强有力地提升人们做白日梦和进行反思的能力，让人们都能够更高效地讲故事。如果我们想要更好的未来，那么，我们就必须具备想象未来的能力，我们要明白怎样达成目标，要考虑全局，让创意诞生。同样，给自己一个机会，好好考虑一下自己的个性特征，思考你在这个世界上扮演着怎样的角色以及为什么要扮演这样的角色。想清楚这些，你就能够理解、学习、激励其他人像你一样去做。

第七章
观察探索之术

1975 年 10 月 1 日上午 10 点，这是一个非同寻常的时刻，因为一场令人瞩目的比赛即将开始。来自 60 多个国家的观众兴奋地等待着。菲律宾的阿拉内塔体育馆里挤满了观众，大家都对即将开始的赛事充满期待。这座体育馆本来能容纳 6 万人，但此刻许多人挤进了场馆内的走道里。体育记者肯·琼斯（Ken Jones）当时也在场，他说："似乎没有必要报道入场人数，因为参加比赛的运动员抵达候场区时，人们已经挤满了体育馆。场馆里没有多余的走道，人们拥挤不堪，挤得满头大汗。更大胆的观众甚至爬到了体育馆顶部的椽子上。"

那时没有空调，拥挤的人群和聚光灯让体育馆更加酷热难耐，猛烈的阳光直射在体育馆铝制的屋顶上，据估计，当时场馆内的温度超过 49℃（120 ℉）。

这场被拳手阿里称为"马尼拉之战"的比赛即将开场。乔·弗雷泽（Joe Frazier）和阿里一共要举行三次对决。决赛前，记者们对此消息进行了大肆宣传；赛前几周，世界各地的人们纷纷猜测最终花落谁家，人们对这次比赛的热情也越来越高。HBO 主播唐·邓非（Don Dunphy）说："我获悉，乔·弗雷泽正在从更衣室走向拳台。"这时人群变得更加热闹了。闪光灯亮起，白色的光线划过屏幕，摄像机跟着弗雷泽，不过很难看得清楚，因为拥挤的观众把他挡住了。弗雷泽从过道的人群中挤出来，走上拳台。

这次比赛前数周，拳王阿里一直在约见媒体，无情地嘲弄弗雷泽。一次采访时，他甚至用这种孩子气的话语不断取笑对手："若在马尼拉遇到了那只'大猩猩'（乔·弗雷泽），我一定把它打得满地找牙，让它一见我就害怕。"他大笑着拍打一只玩具大猩猩，媒体记者们也大笑起来。他将玩具大猩猩放进自己的衣袋，轻轻拍了拍，意在宣告弗雷泽会是他的手下败将。对弗雷泽来说，阿里做得太过分了。直到 36 年后弗雷泽过世时才原谅了阿里对他的侮辱。不过，这些戏剧性的前奏增加了这场比赛的悬念。

"阿里走上台时，观众们开始欢呼。"邓非说。在闪光灯的映照下，阿里走上台。观众不断鼓掌、欢呼、吹口哨、喊口号。"拳王阿里自信地慢慢走上拳台。拳击比赛中，重要的是，怎样走上台就怎样走下来。拳王阿里为这史诗般的一刻做好了准备。"这时，在闪光灯的照耀下，阿里的面容全部显现在屏幕上，几乎占据了整个屏幕。他身披一件银色长袍，蓝绿色的衣领映衬着他黝黑的皮肤。这位一直在镜头前嘲弄、取笑对手的拳手，若有所思地、认真地注视着前方。他进入拳台时，观众们的欢呼声震耳欲聋。

阿里和弗雷泽在拳台上面对面而立，注视着彼此。他们身旁，一位身材矮小的裁判穿着具有 20 世纪 70 年代风格的绿松石色衬衫，打着海军蓝领结。开始比赛前，阿里还一直在打趣弗雷泽："你不会赢的，乔，你不会赢的，我会打败你。"

阿里的速度比弗雷泽预料的还快，这意味着阿里控制了局势。不过弗雷泽不屈服，不放弃，而是继续战斗，他将阿里逼至拳台一角，背抵在拳台的防护绳索上。《独立报》的记者肯·琼斯在报道中这样写道：

到第4场时，阿里已经握不住拳头了。他非常疲惫。当时天气很热，加上场馆内的灯光助阵，内部闷热缺氧，而弗雷泽很难对付，这让阿里疲惫不堪。这场比赛如此激烈，以至于如下问题牵动人心。弗雷泽还要攻击多久？阿里还能不能撑得住？到第6场时，弗雷泽仍然没有被阿里打倒，他一直在攻击阿里，让阿里伤痕累累。

这样的比赛为什么引人注目？考虑一下镜像神经元的活动，想一想这会给读者的大脑造成怎样的影响。当你见到某人挨揍时，你会有什么感觉？你肯定觉得受到了强烈的刺激，肾上腺素水平提高。你会退缩吗，会躲避吗？一篇体育赛事的报道将这个故事呈现在你眼前。肯·琼斯说：

两个人继续以无情的、野蛮的方式攻击彼此，以至于你甚至开始担心他们的生命安全，惊叹于他们的勇气和取胜的决心。第12场时，阿里再次夺回了主动权，打得弗雷泽连连败退。第13场时，阿里挥动左拳打碎了弗雷泽的护齿，并将它击落在人群之中。弗雷泽吐血了……他再也抵挡不住阿里的攻击了。

到第14场时，阿里和弗雷泽都已经颤颤巍巍，快站不起来了。有一次，阿里狠狠地击中了弗雷泽的右眼眶。弗雷泽的右眼红肿，几乎完全睁不开了。弗雷泽的左眼因十年前的一次意外早已失明。但他们拒绝停止比赛，这比赛真让人不忍心看。

弗雷泽的教练埃迪·法奇（Eddie Futch）在第 15 场时中止了比赛，因为他非常担心弗雷泽会被击打致死。不过，弗雷泽却大吼着回复道："谁都不许停止这场疯狂的战斗！"当法奇问弗雷泽手握拳时能握住几根手指，弗雷泽已不能回答。阿里后来也说："就像要死了一样，这是我所知的最接近死亡的一次赛事。"最后，比赛结束了，阿里筋疲力尽，瘫倒在地。

这次比赛被誉为有史以来最伟大的重量级拳击赛。1975 年，并不是每家每户都有电视机，更别说用什么电子设备上网看直播，不过这场比赛还是有 10 亿观众观看。这些人中，绝大多数人可能一生都没有进行过拳击。如今，全球观看足球赛事的观众约 40 亿，板球观众约 25 亿，网球观众约 10 亿。不过我们并没有 40 亿名足球运动员、25 亿名板球运动员和 10 亿名网球运动员。为什么那么多人自己不参与运动，却热衷于看比赛呢？

因为看比赛很刺激、很吸引人，一旦看了就移不开眼。很多人都是以一种自然而然的方式迷上体育赛事的，例如，如果你是一个足球迷，你可能会不远千里地去看你支持的球队的球赛，你可能还会花大量时间跟同样支持该球队的球迷沟通交流，参与该队球迷的聚会，你还会买球队的周边产品，在媒体上关注该球队的信息，而且会更广泛地关注从事这一职业的球员们，并鼓励你的孩子也这样做。这很自然地成为你个性身份的一部分。观看体育赛事也是学习和效仿的关键所在，它提高了我们自身的运动能力。运动能让我们更加健康，我们可以通过运动使自己身心受益。

运动让我们发现了镜像神经元最基本的功能，这也是意大利神经科学家贾科莫·里佐拉蒂和他的团队最初发现的。研究人员发现，看到团队成员夹起食物放进嘴里，研究人员的镜像神经元会被激活，我们观看体育赛事时，大脑的镜像神经元也会发生同样的反应。我们学着自己做某个动作时情况也是这样的。

知名神经科学家马可·亚科博尼说，看棒球比赛这样的体育赛事时，我们的大脑神经元会像自己参与运动一样活动起来。

看到运动员运球与我们自己运球时，大脑内被激活的神经元系统是一样的，正如观看比赛时，我们就像参与了赛事一样。我们理解运动员的动作，是因为大脑中主管自己同样动作的神经元"录制"了这一动作的神经活动样板。

即便我们并没有学习或参与一项活动，我们也可以与这项活动产生关联。在生活中，有时候，我们可能会伸手去击打某人或某物，即使是在蹒跚学步时抢回一个玩具，这是我们的大脑熟悉的动作。我们到处活动，打闹、跳舞，甚至急着上厕所时也会当场跳来跳去。拳手们做的很多动作都具备亚科博尼所说的"类似的运动特性"，这激活了我们活动时用到的所有肌肉。我们知道，生气时，我们会怒视他人，他们也会这样怒视我们。我们都经历过令一大群人兴奋激动的事情，如观看演唱会、足球赛或参加聚会。我们知道把自己逼到极限或无能为力时是什么感觉。我们观看比赛，也就知道了这场赛事有多么激烈，并对这场赛事的结果有了期待，所以会完全投入其中。我们还不知道赛事结果，观看赛事只会增加镜像神经元的活动频率，让我们的期待变得更真实。

有时候，使镜像神经元活动更加频繁，并让我们进行更深层的观察学习的，不只是我们眼睛看到的东西，还有我们其他感官感知到的东西。当时美国无法直播比赛，所以很多人实际上看不到"马尼拉之战"。

观众们不得不推迟观看比赛，付费到各地的影院观看，或是通过广播收听。《华盛顿邮报》体育专栏作家汤姆·博斯韦尔（Tom Boswell）和许多人一样，没有观看比赛，他只听到实况播音员解说了赛事进程，他这样描述这次赛事：

> 弗雷泽和阿里的比赛是最令我感到紧张的，再不会有什么赛事更让我紧张了……而且，这种紧张取决于你支持谁。大家都很关注这次赛事，因为弗雷泽和阿里从某种意义而言是当时那个时代的象征。听播音员解说，你的心也跟着提了起来，你会担心："他受的伤有多严重？"不用去看画面，只听比赛过程就令人非常揪心，不过这也有好处，更添紧张感。

为什么只听都会令人紧张？因为我们的镜像神经元完全被调动了起来，听者不只是在听当时发生的事——观众的呼声、解说员的解说，还会自己去思考，去想象，这就增加了我们"感同身受"的机会。我们听到描述其他人做某种行为时的声音，比听到那些描述非行为声音的词语时，听觉镜像神经元的活动更加频繁，据称，这有助于增强我们的同理心，让我们设想行为动作者当时的感受。听到故事情节时，讲述者使用的语言不仅会激活我们大脑中主管说话动作行为的神经元，也会激活主管我们感官的神经元。维罗尼克·布伦格的研究发现，人们听到描述动作和手感的词汇时，大脑的运动皮层和感觉皮层会被激活。广播解说员对赛事的详细描述能调动听众所有感官，与没有这种详细描述的直接观看相比，语言描述能够刺激更多的大脑区域。

镜像神经元在期待的过程中也发挥着重要的作用。我们知道，人能从期待中获得快乐——期待本身就能令人愉快。在这种情况下，我们大脑中的许多区域都被激活了，我们不仅在观察并预测情况，还会把事情发生过程中的片段都联系到一起。了解参与活动者的背景资料和故事，使听众或观众与参与活动者之间产生独特联系，观众们会感觉自己是在为一个朋友、为活动中的角色、为一个人加油，观众甚至可能也期望成为那样的人。

超级镜像神经元

但是，我们如何从体育观众转变为学校或俱乐部中的运动员，如何让自己在专业水平上达到运动员的水准？一旦我们通过观看学到了某项运动基本的知识，我们这项运动技能会得到怎样的改善？让我们学习、模仿各种体育运动动作的，是镜像神经元——我们的大脑会镜映我们看到的事物，而这也塑造了我们在运动方面的能力。这就引出了镜像神经元及其工作模式的问题。如果你读到了这里，你可能也会问自己这个问题！我们只观看，而没有实际做，那我们是怎么学到某项技能的呢？我们看网球比赛时并没有接抛球，看拳击赛时也没有攻击身边的人，那我们的大脑怎么会活跃起来，给身体的肌肉发送信息呢？一定是因为我们大脑中的某种机制控制着这一切，这种机制究竟是什么？

我们只要回顾亚科博尼的研究就能找到答案，它至少是一种相关机制。经过大量研究和调查之后，亚科博尼得出了同样的结论：一定有什么东西控制着我们更基本的镜像神经元功能。至少在我们观看比赛的时候，这种控制在某种程度上是抑制性的活动，例如，当我们看他人打球时，镜像神经元控制我们不去打球。大脑活动从某种程度上不仅减弱了神经元被激活的程度，有时候为了使动作连贯甚至会使神经元活动"倒退"。例如，看网球比赛时，大脑活动将所有网球发球的动作连贯后存储起来，让我们知道怎么安排和调整接发球动作。

2010 年，亚科博尼将掌握镜映的功能归功于他所谓的超级镜像神经元，也就是额叶中的细胞，这些细胞位于大脑中更高级、活动更慢的大脑的观察探索区。这些神经元有一种"超能力"，可以这样说，它们是其他镜像神经元的领导者或促进者。无论这种设想有多么令人信服，亚科博尼都无法证实这一点。要证明这一点，研究者需要记录单个的神经元活动，而我们之前说过，我们根本无法记录人脑中的单个神经元活动。亚科博尼思考这个问题时，他遇上了自己的一位老同事，就是知名神经外科医生伊扎克·弗里德博士，他当时正要进行一场复杂的神经外科手术，这意外地提供了一次验证上述假想的机会。弗里德经病人同意，在手术时对他们的大脑进行了实验研究，他将要查看并研究的，正是亚科博尼认为的超级镜像神经元所属的区域。

手术的目的是缓解 21 位患者的癫痫症状。弗里德在研究中将微电极插入患者的大脑额叶，记录额叶中 1177 个细胞的活动状况。与亚科博尼的研究一样，这是一次很好的探究机会，它可以用来探讨人们在观察一种动作而不执行时，大脑的哪些区域被激活了。在这项研究中，患者按要求先观看一个人用手抓取物品，然后自己用手去抓取该物品。研究的结果与亚科博尼提出的假想一致，在观察他人的动作时，人脑中一组附属镜像神经元，也就是他说的超级镜像神经元被激活了。

亚科博尼认为，这一证据表明，超级镜像神经元将简单的模仿动作组织成更复杂的动作、行为和情绪的组合。这证实了我们大脑中有这样一种机制，通过它，我们不用自己投球就能感知他人投球，也可以把投球的不同特征处理为更加复杂的行为模式。因此，为了学习体育运动中的动作，我们需要镜像神经元系统。例如，如果我们观看网球教练示范发球,那么这个过程将按如下步骤进行。

(1)先摆好站姿(这是第一步,首先假定你已经知道该怎么做出这个姿势);

(2)将你的重心放在靠前的脚上,拍几次球以放松双手、手臂和身体;

(3)用指尖轻握网球,将你的手放到发球的位置上(同样假定你已经知道手该放的位置和姿势),让球轻触你面前的球拍;

(4)慢慢地将重心放到你靠后的脚上;

(5)将重心放到靠后的脚上后,开始做举奖杯的姿势(就是做完发球准备动作,开始向上挥拍的标志,当然,这里也假定你已经知道这是个什么动作);

(6)双手放下,然后将发球的手臂伸直举向空中,手臂举过头顶时,张开手掌,抛球;

(7)握球的手臂举起时,先将握球拍的手臂像钟摆一样摆到后方,然后举到头部后方;

(8)弯曲膝盖进行深蹲,以帮助发球。

这些步骤听起来就很难懂,更不要说只按照上述指示去完成一次发球动作了。我们需要通过角色建模学习该怎样做,而这就要用到镜像神经元。不仅如此,只按上述指示去做会错过很多细节,比如怎么在手臂紧张时控制手腕和手肘,该用手臂的哪个部分用力来发球,怎样用手指握住球,你的手该用多大的力握球,该用多大的力度发球,发球时该把球举多高,以及怎样做出不同的发球姿势等。这些都需要指示和观察。的确,2002 年,希腊德谟克利特大学体育教育和体育科学系副教授埃莱尼·齐图（Eleni Zetou）博士发现，排球运动员提高技能最理想的方式就是观看示范行为，并听语言解说。这些都需要组织安排，通过这些方式，新手也能按正确的步骤，用合适的力度做动作，并把握其他细枝末节。怎么做到这些？就是用超级镜像神经元将许多信息拼凑完整。这种机制将镜像神经元储存的复杂信息处理为我们能够理解的东西。

超级镜像神经元不仅主管运动和动作，而且能帮助我们组建复杂的社交世界，帮助你和其他人，以及你和其他群体进行沟通交流。在社团或工作场合，我们能记住谁在跟谁说话，谁是善意的，谁是不友好的，跟谁说话要保密，谁是关键人物。超级镜映让我们了解我们观察到、听到和感觉到的一切。当然，这在运动赛场上也很重要，因为在赛场上，我们需要了解对手的行为，干扰对手的行为，了解并掌控对手的状态变化，并控制我们的思想和情绪。

一旦学会某项运动的基本知识，并且熟练掌握技巧之后，我们总还有更多需要了解、协调和完善的东西。我们需要通过观察提高自己的能力。为了把握一瞬间的优势，我们必须用感觉运动的神经元预测瞬息的动作变化。这样做就是在培养我们的镜像神经元系统，这样我们不仅能知道该怎么提高自己的表现力，而且能够提高预测对手下一步动作的能力。以我自己喜欢的运动滑板滑雪为例，镜像神经元系统让我在滑雪过程中预测情况并决定怎样应对斜坡、岩石以及不同地势和天气变化等情况。

我从小就开始冲浪了，不过直到20多岁时才开始学习滑板滑雪。在澳大利亚冲浪的时候，我认识了一些同伴，后来我跟他们一起去新西兰过冬。我的朋友们都认为我应该滑雪——这种运动与冲浪有很多相似之处（当然，这些朋友也是滑雪者），然后我们开始准备所需的装备。他们把我带到某座山的一处斜坡，然后让我自学，而他们则去了山顶。

后来，我成为那一季最有竞争力的滑雪者，我不断观摩、尝试，一次次摔倒，又一次次站起来。

当时我在新西兰结识了一位很好的朋友，多年来她一直在法国境内的阿尔卑斯山麓经营着一所滑雪学校。她经常让英国来的学生来她这里展示他们滑得有多棒。她也是一位很棒的滑雪者，虽然她自己不参加比赛，但经常跟世界上最优秀的滑雪者一起滑雪。她跟那些自以为是的"赌客"（她这样称呼那些向她发起挑战的人）开玩笑，让他们先领先自己一段，然后趁他们不注意时毫不费力地从他们身边滑过去。无论他们怎么努力追赶，都赶不上她。滑雪最有意思的地方在于，许多人认为他们会，而且从某种程度上来说还滑得不错，但其实他们滑下了山，却不知道怎样做到最好。的确，人们通常认为滑雪是一种非常休闲的运动，所以没有什么规范可言。我曾经也这样认为，不过后来我受训成为滑雪教练，这时我才明白，之前我的滑雪方式是错误的。

我滑雪生涯的重要转折点之一，就是在受训期间观看了自己滑雪的视频。我看到自己把重心放在滑板的什么地方，什么时候转移重心转弯。我镜映了自己的滑雪过程，也给了反思自己动作的机会，此时我能够仔细分析自己的动作行为，也就明白了怎么才能滑好。没有超级镜像神经元，我是不可能明白的，因为超级镜像神经元在我们观察并理解所看到的内容时，阻止了我们的行为。对于体育专业人士者来说，视频录像分析是经常要做的，他们经常要观看足球赛、网球赛、短跑赛的回放，一次常速回放，一次慢速回放，这样就能看清楚每种技巧的具体操作方式。运动员们看到了自己能够改善的地方，就能够汲取经验教训，从中学习，更高效地使用技巧。以恰当的方式学习体育运动，而不是自己随意以一种有趣的方式进行运动，这就是在明确地给我们示范，让我们认识到我们在做什么，让我们有意识地关注我们所做的事。有意识地观看、练习，有意识地做某事，有意识地反镜映，这些都能够帮助我们提高技巧。之前我看过许多人学滑雪，不过那只是娱乐。我看朋友滑雪时，会有意识地观察、分解他们的每一步，我这样做不仅仅是我的职业要求我应该这么做，而且能更好地了解滑雪这项运动。我的学习和了解是在没有任何指导的情况下进行的，同样，在很多情况下，观察、学习都是自然而然地发生的。但获得指导之后，我的观察模仿就是有意识地进行的，这时我的注意力更加集中，思想更加紧绷，我深思熟虑，想法也更有价值。对优秀的运动员而言，这也是接受训练的一部分，他们总在提高自己的表现力。我们在生活中遇到的很多事，尤其是关乎社交和情感沟通方面的事，都需要我们进行细致的分析。然而，很多情况下，这种分析都是我们在无意识中进行的。例如，观察某人的面部表情后，我们会在头脑中进行详细分析。每一次沟通交流都巩固了我们的神经网络。如果我们不使用它们，那就无法充分开发镜像神经系统的功能，我们的社交和情感处理技能也会逐渐丧失，就像运动员如果不再关注动作细节就无法提高运动技巧。如果我们花一点时间有意识地关注并使用镜像神经系统，我们就更有机会提高自己的技能。

幻想成功

还是拿职业运动员来举例，他们也通过另一种很有效的方式——幻想使用镜像神经元提高表现力。斯坦福大学社会科学和心理学专业荣誉教授阿尔伯特·班杜拉（Albert Bandura）就是很多关于观察学习调研的发起者。他认为，那些聆听指导和解释并将这些语言转化成视觉形象的人，比不这样做的人表现力更好。这一点得到镜像神经元研究者的证实。当我们学习时，我们的镜像神经元将观察到的他人的行为分解成单独的片段，然后重新组合成一个新的序列，使整套动作被复制，并映射到大脑中的特定区域，无论这个动作是真的在实施，是观察别人后发现的，还是想象出来的，这些镜像神经元都会激活大脑中相关的神经机制或行为回路。研究表明，幻想实际上可以提高行为在现实生活中的表现力，这也是优秀的运动员在运动赛事中获得优势的重要原因之一。他们可以通过这种方式进行训练，即便是休息或受伤时，他们也可以通过这样的训练得到良好、有益的结果，而这对他们在正式比赛中的表现有至关重要的作用。

在排位赛之前，一级方程式车手（F1）经常闭上眼坐在那里，想象他们要绕行的过程，思考该在什么时候刹车，该在什么时候加速超车，在很短的时间里决定要怎么做。这样的思考能够影响车手的成绩。2012年伦敦奥运会上，杰西卡·恩尼斯 - 希尔（Jessica Ennis-Hill）获得七项全能赛的冠军，她就是这样凭借幻想使用最佳技巧取胜的。她说："想象那种完美的场景当然有助于我发挥最好的体能。"据悉，为了备战温布尔登网球锦标赛，英国网球冠军安迪·穆雷（Andy Murray）会去一处空的场地进行练习。他说："我独自一人坐在场馆里，那里再没有其他人，我想到了即将举行的比赛，回忆了过去我参加的比赛。"他通过这样做来调整自己的心态。他还说："我想确保自己能保持最佳状态，这样我在比赛时才会发挥得更好。"

接受《独立报》的采访时，运动心理学家史蒂夫·布尔（Steve Bull）说："幻想的作用是调动了多种感觉器官，如听觉、视觉和嗅觉。"据他说，足球运动员韦恩·鲁尼（Wayne Rooney）也经常用幻想的方式来提高表现力。

想象力让鲁尼这样的运动员变得独一无二。当他想象自己进球时，他能够感到自己的脚踢到球的感受，能够闻到脚下青草的芬芳，能够听到球迷的欢呼声。这样的想象能够帮助运动员在心理上做好准备，让他们更加自信、更加专心，思路更加清晰，思考的速度也会更快，还能让他们应对其他情况，例如我应该怎样回应粉丝？如果我们球队以 0∶1 的比分落后时怎么办？在某种特定的情况下，我该怎么把球踢进球门？而且，想象还能让运动员的肌肉放松，让他们做好比赛的准备。想象的场面越生动，大脑就会让肌肉越放松，让运动员在真正的比赛中充分发挥在幻想中使用的技巧。

用这样的方式使用镜像神经元，用幻想调动各种感官，如嗅觉、听觉、视觉和触觉，这更有助于我们提高表现力。进行踢腿、撑竿跳或反手击拍的动作时，用视觉、听觉和嗅觉刺激训练只会巩固大脑中的相关模式。

用亚科博尼证实过的假说进行解释，幻想从本质上而言就是不真正实施动作，而是想象人不断地重复同一个动作，而这也必须靠超级镜像神经元来完成。它控制和调节了大脑中某些特定区域的活动，例如那些负责感官和肌肉活动的区域，以让人产生幻想。

大脑功能失调时

生活中，我们经常在无意识的观察和效仿中习得很多动作习惯，比如跟人说话时跷二郎腿，受他人影响后改变自己的说话和穿搭方式等，但也有很多情况是我们观察到却没有做出反应的。我们会在自己都没有意识到的情况下处理复杂的细节问题，然后以一种社会性的、由特定场景定义的方式做出回应。

我们现在还不可能直接测评这些大脑的运作机制。尚不清楚大脑的确切运作机制时，学者们就试图探索大脑的这些复杂机制是如何运作的，其中一种方法是将亚科博尼发现的资料与大脑功能出问题的状况联系起来。当某人脑部受伤或者有心理障碍时，他做出的反常行为和看待世界的方式为神经科学家们提供了重要的信息。他们不懂或者不能做某事，就代表他们大脑中主管相关功能的区域无法工作，而这也就告诉我们正常人大脑的相关区域有什么具体功能。

在这个问题上，最具历史意义且最为人熟知的案例是19世纪美国的一名铁路工人菲尼亚斯·盖奇（Phineas Gage）的故事，他是某爆破队的工头，该工程队接到了一项任务，就是用炸药清理岩石，以便铺设新的铁路。1848年9月13日，他们正准备炸岩石，要先挖一个很深的洞，然后用铁棒将炸药塞进洞里。通常情况下，铁棒推送炸药的力会遇到洞里的砂石和黏土等惰性物质，推力会将砂石和黏土推开，推动炸药往洞里走。但是，盖奇用的铁棒撞到了岩石，炸药爆炸了，盖奇手中一米长的铁棒穿透了他左脸的脸颊骨，戳到了他的眼睛，又将额骨的左侧刺穿。爆炸产生的力量非常大，铁棒飞到10米外的地方后掉落下来。不可思议的是，经过这样一场惊心动魄的祸事，盖奇居然活了下来，还从爆炸地点离开，后来得到一位名叫哈洛的医生的救治。盖奇的一只眼睛失明了，不过伤口愈合后看起来跟正常人差不多。哈洛对盖奇的护理持续了好几个月，其间对盖奇的行为震惊不已。他认为，盖奇行为非常粗俗（以前他不是这样的），一点也不尊重同伴；只要与自己的意愿不符，他就会很不耐烦，有时候很固执，有时候又反复无常；会对未来做很多规划，但不等真正实施就放弃，转而去做他认为可行性更高的计划。从智力水平和行为能力上来看，他就像个孩子，但他有着成年男性特有的野性和激情。

在发生那次事故之前，盖奇很受人欢迎，他待人热情且诚实可靠，"实施自己的计划时总是坚持不懈"。盖奇的案例让人们初步认识到了大脑额叶的功能，人们发现做计划和情感控制是大脑额叶最明显的两种功能。虽然我们现在知道大脑额叶确实有这两种功能，不过因为在上述案例发生的时代，很多事实情况无法被准确记录和仔细理解，所以这个故事更多的是用于说明、解释，而不是证明这两种功能存在。不过，这一案例说明大脑的功能区域受伤失调可以让我们理解这些区域有什么功能。值得一提的是，在测试超级镜像神经元的功能时，亚科博尼研究的正是盖奇受伤的那一区域。

现在，我们了解的信息更加精准，可以将这些信息与已有的知识结合起来，并用相当复杂的成像技术来确定大脑中更多特定区域的功能。我们基本上了解了大脑的一般功能，在某些情况下，我们也对更具体的区域的功能有了更清楚的认识，比如镜像神经元。然而，我们还有很多东西不能确定。虽然我们基本上弄清楚了超级镜像神经元所属区域的一些功能，但这些功能是如何实现的，又是由哪里掌控的，这些问题还有待研究。

除了体育运动，据说还有一种活动也依靠镜像神经元和某种控制机制，就是我们如何区分自己和他人。与只观察或幻想却不真正实施行为一样，一定也有某种东西能让我们了解他人的意图和感受，却又明白这些意图和感受并不是我们自己产生的。例如，如果我们在为他人的损失而表达同情，或者看到他人难过，大脑会在某种程度上镜映他人的情绪和情感，但我们没必要因他人的难过而哭泣。我们怎么会镜映他人的情感，而不将这种情感代入自身呢？我们怎么判断那些情感属于他人，而非自己？我们对学者所称的"自我 – 他人"的理解和认识非常复杂，因此，我们需要管理和控制自己的情绪与情感。

在日常交流时，我们通常会用面部表情、话语、手势、肢体语言和情感来判断他人言行的意图。同时，我们也试图弄明白，这会怎样体现他们将要说的话、做的事以及他们说话、做事的意图。这很大程度上与同理心有关。2016 年，维也纳大学生物心理学教授克劳斯·拉姆（Claus Lamm）和他的同事在皇家学会发表了一篇论文，探索了可能与此有关的机制，也就是让我们检测、选择并追踪这些复杂社交线索的功能机制。他们探讨的一部分内容就是缺乏同情心的临床患者。识别他们大脑的哪些区域在典型的同情心经历体验中不活跃，有助于确认正常人大脑相关区域的功能。他们研究了"自我 – 他人"障碍最显著的案例——精神病患者。

精神病是一种缺乏懊悔或内疚感的认知紊乱。大部分人在遇到患有生理或心理疾病的人时，会感受或镜映他们的一部分痛苦。不过，精神病患者不会。拉姆引用了芝加哥大学心理学和神经科学教授让·狄迪2013 年对这一问题进行的调研，该项研究调查了 121 位患有不同程度精神病的男性患者的情况。狄迪和同事们让这些患者观看一些让人疼痛的场景的录像，如人的手指被抽屉夹住了，这时别人又推了一把，在他们观看这些录像时，研究人员用 fMRI 技术对他们的大脑进行了扫描。研究人员查看了接受调查的患者在想象自己经受疼痛和看别人经受疼痛时的大脑成像图。这体现了观念转换技巧，这就需要我们区分"自我 – 他人"。在健康的成年人身上，观看疼痛的录像通常会引出人的同情和同理心反应。

病患的大脑反应与那些想象自己在经受痛苦的健康人的大脑反应是一致的。但重度精神病患者在想象他人经受痛苦时，大脑活动程度要低得多。主管这种反应的是大脑中掌管恐惧感的杏仁体和腹内侧前额皮质，我们从盖奇的案例中可以看出这些区域对人的情感、同理心和道德观念很重要。

拉姆称，这一证据"有些矛盾"的地方在于，虽然在狄迪这样的研究中，精神病患者并没有表现出正常的大脑活动，但其他相关的研究已经表明，精神病患者在收到指令时也能产生同情心。他认为，这与某种"自上而下"的机制相关，它弥补了自主同理反应的缺失。我们再来看看亚科博尼提出的理论："更高级的镜像神经元可以被称为超级镜像神经元，这不是因为它们具有超能力，而是因为它们的功能在其他镜像神经元之上，控制着其他镜像神经元的活动。"

不过，虽然超级镜像神经元操纵着这一关键的神经认知机制是一种可行性很高的假想，但我们还不能证实。关于这些神经元机制的问题，现在仍然是社交神经科学领域的"暗物质"（谜团），我们仍然有许多需要探索的地方。

虽然这项研究并未涉及，但我们已经知道，亚科博尼和弗里德认为的那种超级镜像神经元存在于大脑的额叶皮层中。大脑的这些区域是负责管理情感、同理心和道德观念的，而精神病患者的大脑里，这些区域的功能失调了。在我们辨识他人情感、行事意图，推测他人行为时，这些区域的神经网络让我们将自己和他人进行了区分。

我们究竟是自私的还是无私的

亚科博尼和同事们近来进行的一项研究表明，未来的研究可能会将大脑的另一种功能机制直接与超级镜像神经元联系起来。无论具体的机制和名称如何，这一研究的结论都具有开创性的意义，也值得研究人员在探讨角色建模时一并探索。他们探索了人性究竟是向善的还是向恶的。那么，我们自然而然去效仿的是亲社会的行为，还是自私的行为？

我们的本性是向善的还是向恶的？这个问题已经争论了好几个世纪了。亚里士多德就称，我们生来是没有道德观念的，这些观念都是后天习得的。奥古斯丁也称，人总会受到邪恶的诱惑。17 世纪英国哲学家托马斯·霍布斯认为我们心里都是邪恶的，只有避免或控制了恶念，才会显出善来。相反，哲学家罗素则认为人生来是柔弱的、单纯的，但是会因为被社会浸染而变恶。不过，现在有了神经科学、生物学和心理学知识，我们就能够找到这一问题的答案。亚科博尼和他的团队就负责寻找证据，探究这一问题的真正答案。

亚科博尼的团队在神经科学家列奥纳多·克里斯托夫－摩尔（Leonardo Christov-Moore）的带领下，用一种尖端技术检测人的前额皮质特定区域功能失调时会发生什么。我遇到亚科博尼时，他很兴奋地向我介绍了这项研究，就是用一种名为"连续性节律刺激"（cTBS）的东西干扰大脑观察探索区内两个区域的活动，也就是背外侧前额叶皮质和背内侧前额叶皮质。接受调查者按要求参与一种名为"独裁者博弈"的游戏，自行选择另一名玩家，与其分配 10 美元。接受调查者会收到另一名玩家的照片，附上他们的年薪，其年薪有高也有低。这些照片的主人的确生活在洛杉矶，而且获得了资料上显示的年薪。问题在于，接受调查者的慷慨程度是否会因为另一名玩家的经济状况和需求不同而有所不同呢？接受调查者 5 秒的时间去看另一名玩家的照片，再花 5 秒来决定他们要分给对方多少钱，他们可以按下键盘上从 0 到 10 的按键来确定分配金额。在这次实验设计中，接受调查者并不知道照片上的人的身份，这样也就避免了他们做决策时会想要"给某人留下印象"或者要"符合某人的期待"。

亚科博尼和他的团队发现，前额皮质的信号受到干扰，负责理性思维的大脑的观察探索区功能也会受限，但慷慨程度会提升。接受调查者都不能使用大脑的观察探索区，都只能根据应激反应区做出的反应行事，因此他们的行为也就更亲社会，他们更乐于与同伴合作，帮助同伴，他们跟社会、经济地位高和低的人分享钱的时候都是这样的。亚科博尼和同事们证明了人的本性是亲社会的。他们还声称，虽然在我们小时候，以自我为中心和亲社会的倾向并存，但进入成年期后这种状况会得到改善，因此当问到人性本善还是人性本恶的问题时，上述结论和大量的实验结论表明，我们本性是无私的。这真是一个好消息。然后，我问亚科博尼，控制我们能否帮助他人的是不是超级镜像神经元，他是这样回答的。

在我们所研究的"独裁者博弈"中增加慷慨程度的镜像系统，是否破坏本书所称的超级镜像神经元，尚无定论。事实上，我们无须去想超级镜像神经元是否参与了提升慷慨程度的活动。那些区域中"正常的"前额皮质神经元可能有能力降低慷慨程度，它们的活动可能会受到镜像系统的干扰。

不管镜像系统会牵涉大脑内部哪种机制和具体功能，如果我们能利用好它，这项研究对人类来说都有积极意义。亚科博尼的研究也与现在的进化心理学理论一致，进化心理学理论认为，人类是一个高度社会化的物种，我们个人的生存与他人紧密相关。虽然这只是一次小小的研究，却得到其他相关研究机构的大量佐证，如耶鲁大学、北卡罗来纳州的杜克大学以及德国莱比锡城的马克斯 – 普朗克研究所。哈佛大学和耶鲁大学的发展心理学、道德哲学和生物学专家在《自然》杂志上发表的一项跨学科研究也得出了相同的结论，这进一步扩大了这一概念的影响力，表明我们的本能反应就是与人合作行事，而不是单独行动。

镜像神经元系统理论阐述了这一点，即我们与其他人的相互关联是独一无二的。我们的行为、意图和信念会被镜映到他人的大脑中，他人的行为、意图和信念也会被镜映到我们的大脑中。我们想要保护自己，想要让自己变得更好，那么我们就应该保护他人，帮助他人变得更好。的确，亚科博尼和他的同事们认为，我们亲社会的主要驱动力可能是"模糊了个人界限的反射式同理心"的结果。亚科博尼说："我们认为这些神经元的作用是让我们保持自我意识，控制不必要的模仿镜映。"这既能控制行为（如看着某人扔球，但自己不扔），也能控制复杂的情感、情绪。既然我们认识了镜像神经元系统，清楚了我们对所有事物以及与我们接触的每个人的情感倾向，那么，了解"自我 – 他人"之间的界限就变得更加重要了。

Mirror Thinking

第三部分

好的镜映和坏的镜映

*The Unconscious Power
of Role Models*

第八章
负面角色楷模

2007 年 11 月 7 日上午，佩卡 – 埃里克·奥文（Pekka-Eric Auvinen）本应该在学校上学。奥文出生在芬兰图苏拉的约凯拉村，并在那里长大。他就读于当地的一所中学，学校有 400 名 12 ~ 18 岁不等的学生。

奥文与父亲伊斯莫、母亲米凯拉以及弟弟住在一起。他的父亲是一位在芬兰铁路线上工作的业余音乐家，因为热衷于音乐，所以将知名的芬兰吉他手佩卡·贾文和英国著名的吉他手埃里克·克拉普顿的名字组合起来，给儿子起名为佩卡 – 埃里克。奥文在学校的表现很平常，交了一些朋友，但从未在外惹是生非。不过那天上午他逃课了，没有去上学，而是坐在家里上网，下载视频。上午 11 点 28 分，他关掉电脑，骑着自行车赶去距家 1.7 千米外的学校。那天天气很冷，天空乌云密布，阴沉沉的。

到了学校，他没有从大门进去，而是从食堂地下室的门口进了学校，当时一些学生正在吃午饭。他从那里进入了通往教室的过道，教室里，学生乔尼·奥尔顿宁（Joni Aaltonen）和努尔米·萨摩里（Nurmi

Semeli）一边聊天一边等着上英语课。在接受《卫报》采访时，乔尼·奥尔顿宁回顾了接下来发生的事。

他从容而缓慢地靠近我们。我们并没有注意他，然后他停在了距我们两米远的地方，我朝他看了过去，他也在看着我们。接着，他举起了手臂，枪口对着我，并开枪了。

乔尼·奥尔顿宁逃脱了，但是他最好的朋友努尔米·萨摩里没能逃脱，被奥文枪杀了。奥文在接下来的 6 分钟里又杀了 5 名学生，之后校长才通过广播发出警告："大家马上回到教室，锁好门窗，藏起来。"奥文继续在教室的走廊里奔走，一边还大喊着："我要杀了你们所有人。"他一共开了 69 枪，杀了 8 个人——5 个男孩、2 个女孩，还有校长，最后他朝自己开了一枪。

一位警官称，当时学校里一片混乱，学生们从窗口跳到教室里，以求保命。奥文的一位老师说："这感觉太不真实了——我自己教的一个学生，手里拿着枪，大吼大叫地朝我冲过来。"他把自己在 11 月 7 日上午下载的录像称为"约凯拉中学大屠杀"。

为什么会发生这种事？这位名叫奥文的男孩来自芬兰一个很平常、家庭氛围也很融洽、稳定的家庭，而且芬兰是一个和平的国度，拥有优秀的教育系统。因此，他这样做并不是镜映了朋友、老师，或周围环境中任何人的行为。那么他的确是镜映了什么人的行为吗？他的镜映对象究竟是谁？他为什么要这样做？

芬兰的司法部门调查了这次袭击事件的起因，并出具了一份报告。据称，随着奥文渐渐地长大，他发现自己越来越难交到朋友，他也越来越孤僻，性格越来越内向。司法部门认为，他父母的行为可能给他传递了这样一种观念——不与年轻人为伍。他们甚至还对其他孩子的父母说，他们没有尽到父母的职责，他们的孩子行为习惯很糟糕。我们从中不难看出，这会将一个十几岁的少年与自己的同伴们孤立起来。虽然我们并不能确定奥文镜映了父母的多少行为观念，但从某种程度上讲，他一定镜映了父母的某些观念和态度，而这只会突出他与其他同学的不同。接受采访的老师们都认为，奥文在家里接受的熏陶使他更难以与其他孩子相处，让他因为自己极端的兴趣爱好而遭到同学们的嘲笑。

我们选择的人际关系

人类是社会性的物种，我们本能地想要与外部世界建立关系。如果我们在一种环境中得不到我们需要的，我们就会去其他地方寻找，或是遭受孑然孤独的后果，损害自己的生理健康和心理健康。奥文在寻找归属感的过程中，求助于互联网。在网络社区中，他一直在关注各种学校屠杀案的话题，与网民们讨论这些事情。在网上，他找到了归属感。从进化的角度来看，奥文所在学校的同学们应该将奥文视为了他们的"圈外人"。我们在前文中探讨了我们对待他人的方式所产生的巨大影响。神经科学家格里特·海因（Grit Hein）证实了，如果经受痛苦的人是我们的"圈内人"，我们就更容易同情他们，帮助他们。另外，海因还证明了，如果受苦的是我们仇恨或讨厌的人，我们不仅不太可能对"圈外人"的痛苦感同身受，还可能会因他们遭受痛苦而感到快乐。虽然我们不能将这些后果与疯狂杀人直接联系起来，但这是一种心理因素，随着时间的推移，这样的心理变化可能会形成恶性循环，从而有可能导致疯狂杀人这样的极端行为。

奥文的思想与他在网上认识的人的思想相契合，因为他们成为他社交圈子的一部分，他信任他们，也花了很多时间与他们进行交流，因此，他以他们为角色"楷模"，并镜映他们的行为和思维方式。此外，青少年的大脑对社会需求、圈子内的成员身份和群体对自己的影响力拥有更高的敏感度，这也就是说，他们更容易镜映身边的环境。

美国弗吉尼亚州乔治梅森大学的助理研究员玛伦·斯特伦齐克（Maren Strenziok）发表了一篇论文，文中探讨了观看攻击性影像资料对青少年大脑的影响。斯特伦齐克和她的同事们邀请被调查者观看非常暴力化的影像资料，并用 fMRI 技术查看他们的大脑神经元活动的变化情况。他们发现，被调查者观看的影像资料越多，他们就越对遭受暴力的人麻木不仁。那些在日常生活中经常在媒体上关注这类报道的人，对这类影像内容更不敏感，也就是说，他们对暴力受害者产生的同情心和同理心水平较低，而且他们遇到敌对状况时也更容易做出冲动性行为，他们在遇到不同的状况时，行为也会更暴力化。人体大脑中更高级的区域，尤其是左外侧眶额皮质（Left Lateral Orbitofrontal Cortex，LOFC），通常会注意到违反社会规则的行为，从而促使人们改变自己的行为，以符合所属社会群体的期望。随着时间的流逝，经常观看暴力性影像资料的青少年，对什么是正常的认知发生了改变，青少年观看这类影像资料越多，其左外侧眶额皮质做出的反应越少，也就是说，他们对什么是正常的认知发生了改变。青少年接触的资料或角色楷模越暴力化，他们就越容易将暴力化行为视为常态。

奥文开始接触的新群体改变了他的镜像系统效仿的行为规范。因此，他远离了自己的同学，转而与这些持有更危险的观念的新朋友在一起，从而导致他对暴力性的极端行为变得越来越麻木。这会形成一种消极的、恶性的循环，让他越来越不同于他的同龄人，让他融入他所认识的那些极端危险的人群之中。奥文越来越远离了同龄人的"交往规则"，所以在潜移默化中远离了抑制暴力的自然机制。

荷兰格罗宁根大学的贾普·库哈斯（Jaap Koolhaas）研究了老鼠的攻击性行为，并解释说，表露敌意通常会遭到社会规范的控制或修正。在人类社会中，这种控制和修正是通过文化、习俗、道德规范、价值观念和法律法规实施的。然而，如果断章取义，那么这些行为控制就不再以同样的方式实施，这就意味着控制暴力行为的阀门消失了。奥文远离了他的同伴们遵循的社交规范，没有什么可以控制他的暴力性行为，而且这种行为还得到他的新朋友们的推崇。结果，我们当然可以想到，奥文可能会把暴力行为当作社交沟通的一种方式，用以表达自己不被同伴接受的失望。

调查人员查看了他与网友的聊天记录，发现他受到了美国校园枪击案的影响。他查询了爆炸杀手西奥多·约翰·卡钦斯基（Theodore John Kaczynski）的资料，并在网上贴出了科伦拜高中杀手埃里克·哈里斯和迪伦·克莱伯德的影像资料。美国心理学家和校园枪击案犯的研究专家彼得·朗曼（Peter Langman）称，奥文发布的许多言论都是仿照了这些人的资料所述的内容而发的，"奥文和哈里斯言论的相似之处太多了，多到数不胜数"。我们只能认为，这体现出奥文大脑中的镜像系统直接镜映了他们的行为。

然而，朗曼也称，约凯拉屠杀案和其他屠杀案不能按媒体所说的那样，仅仅被定义为"模仿式"屠杀案。这些案件还涉及了更复杂的因素。这些案例的共同点之一就是，很大一部分都涉及某种形式的镜映和模仿。根据朗曼的说法，这些杀手"出于个人原因受到了先前罪犯的影响"。正如我们在本书中所探讨的那样，与角色楷模之间产生联系，会让人们更可能去模仿他们的行为。我们还能够认识到其他与之相关的更复杂的社会和神经生物学因素，如群体成员身份、年龄，大脑对同伴影响的倾向性，以及暴力行为的实施方式。

芬兰图尔库大学的成长心理学教授卡伊·比约克维斯特（Kaj Bjorkqvist）也写过对凯约拉枪击案的分析报告，称芬兰校园里原来是和平的，但这次事件引起了人们对校园枪击事件威胁不断增加的担忧。例如，2008 年 9 月 23 日新生大学的考哈吉枪击案（这次事件是受凯约拉枪击案影响而发生的）两个月之后，警方声称发现了 200 起威胁案例。比约克维斯特称，这不仅因为后者受到了上述案例的影响，而且因为媒体上相关报道也增加了很多。探究镜像神经元功能的世界顶尖专家亚科博尼解释称，多项研究的结果都是明确的：在媒体上看到的暴力性案件，在让人模仿这些案件中的暴力性行为方面作用显著，这适用于所有年龄组和种族的儿童。这种作用甚至超过了被动吸烟致肺癌的作用、钙的摄入对骨骼密度的影响，以及石棉致癌的影响作用。亚科博尼称，这种模仿暴力行为的潜在神经机制的证据正在显现，这也让人更加重视这其中的关联。虽然我们提出的关于奥文行为的某些理论无法得到证实，因为我们不能访问他或者用 fMRI 检测他的大脑，但是观看暴力性行为的录像可能导致镜映暴力行为的神经生理学联系，更加证实了这确实是角色建模的结果。

与单独的杀手情况相类似的是那些恐怖分子。虽然他们做出的行为不尽相同，但行为机制是类似的。一个单独的个人，在现实生活中找不到社交群体，就会在互联网上寻找归属感。的确，研究发现，这些年轻的新招进来的人想要成为团体的一分子，这种愿望甚至比他们与意识形态本身的联系更加强烈。让·狄迪和他的同事克利福德·沃克曼

（Clifford Workman）解释了嫌犯独自持枪作案，激进化的影响因素有多么复杂。

　　互联网作为角色建模平台的影响作用甚广，随时随地都有各种各样的内容吸引不同人的眼球。在远古时代，有极端信仰的人，除非是被非常有影响力的人掌控，否则他们会倾向于重新调整自己的观念，使其与公众规范相一致，以融入集体和社会，不然他们就会被社会的自然发展过程淘汰。淘汰将不可避免地导致死亡，所以这些人会有强烈的动机去与持有相同观念的人联系，或是不将这种极端观念公之于众，结果，这一集体中的所有人都镜映了同样的行为模式，集体的新成员也逐渐形成了这样的行为习惯。例如，如果办公室里的所有同事都身着正装，那么你也会着正装上班。如果你跳槽到了别的公司，他们对服装的要求并不严格，同事们穿着牛仔服和 T 恤来上班，那么你还会继续着正装上班吗？你可能不会了，因为你融入了新的集体。你是正常人，你当然也想要有归属感。

　　现在，想法观念极端的人可以通过互联网与相距千万里之外有同样想法观念的人联系。即便整个社会都不同意他们的观念，也没有关系——这并不会威胁到他们的生存。这些群体组织，并不是极端观念的社会"终止点"，反而巩固了他们创造的新的"规范"。结果，这些人分散在各地"传播"各种各样的极端行为。在企业职工着装的案例中，这可能并不是坏事——如果你坚持穿正装，那么其他部门的同事们可能也会这样做；但如果大家坚持的是极端的行为习惯，那就会造成很严重的后果。《"杀死"所有遵循常规者》（*Kill All Normies*）的作者安吉拉·纳格勒（Angela Nagle），就在书中写到了不断升级的社会和政治分歧。"遵循常规者"就是像你我一样的普通人。我们都有各自的品位、观念、政治立场，都会收看日常生活中的各种新闻，活在真实的世界中。网上的那些极端观念持有者称我们为"遵循常规者"。他们认为我们是"不可能理解事情"的人，因为我们"无知且不开化"。现实生活中的"正常人"在网上是"不正常"的。在这里，纳格勒指的"遵循常规者"是一群活在网络世界的成人，而不只是没有社会归属感的年轻人。接受《经济学人》采访时，她说："无情的个人竞争主义被用在爱情和私人生活上，这是非常反社会的。"这只是"坏的"角色建模镜映的案例之一，通过网络恶化彼此的行为和观念态度。

负面影响

负面的"角色楷模"也会在现实生活中对人造成破坏性的影响，尤其当"角色楷模"是一位有诱导力的领导者时。

在英国，伦敦的哈克尼、伯明翰的汉兹沃斯和曼彻斯特的莫斯赛德与露安·约翰逊所在的加利福尼亚州的贝尔蒙特情况类似，都是城市中比较贫穷的地方。你和家人若是生活在失业率较高的地方，在对抗贫穷、暴力以及心理健康问题时，帮派提供了归属的地方。在这样的地方长大，就像约翰逊的学生劳尔·桑伽罗和埃米利奥·拉米雷斯一样，看着帮派成员们获得权势和尊重从而摆脱贫穷，成了失业人员的领袖人物。对那些参与过帮派斗争的孩子来说，对他们影响最大的还是他们的同伴。如果年轻人交到了一个"反社会"的朋友，就会限制他们与亲近社会的朋友的往来。直接接触效仿的暴力行为，也会在团体内部产生镜映效应。例如，接触过枪支暴力性活动，会增加人的攻击性。那些接触这种活动的人开始学习不一样的社会"常规"——他们的反社会观念和态度都会得到巩固。上述研究中所谓的"反常的角色楷模"就是人们加入帮派后最重要的风险因素。一项有意思的研究显示，同情心是一种保护性因素。2015 年，加州健康儿童项目（California Healthy Kids Survey）调查了 26 000 位学生，结果显示，同理心减轻了他们与其他帮派成员在一起带来的有害影响。研究人员将此归因于青少年，他们具有高度的同理心，更有能力在帮派之外建立社会关系，从而减少了加入帮派寻求陪伴和支持的需求。露安·约翰逊的案例展示了老师如何产生这样的效果，不过研究也证实了这种同理心通常是家庭成员提供的。虽然镜像系统可以储存负面的角色楷模做出的负面行为信息，但该系统也可以减轻这些负面信息的影响。

除了帮派，媒体上的知名人物也可以加剧种族主义、仇恨和冲突，让某些原本可能并不突出的问题和规范凸显出来。英国职业拳击运动员泰森·富里（Tyson Fury），美式橄榄球运动员 O. J. 辛普森（O. J. Simpson）、普拉西科·布雷斯（Plaxico Burress）、雷·莱斯（Ray Rice），乌拉圭足球运动员路易斯·苏亚雷斯（Luis Suarez），英格兰足球运动员斯坦·科利莫尔（Stan Collymore），都是因暴力行为而引发社会事件的知名运动员。我们已经讨论过，运动员作为角色楷模的效果有多么好，那么像上述这种有暴力行为的运动员会让男孩们接受暴力行为，并养成这样的行为习惯，这就一点也不奇怪了。经常在媒体上观看暴力性影像资料的孩子，更容易效仿这些暴力性行为。

那么，女孩们的情况又如何？虽然我们知道有些女性也加入了帮派，但我们通过多次研究发现，女性不太可能加入帮派或受到暴力性资料的影响。青少年时期，女孩们的角色楷模除了家人，就是流行明星。近代更多的研究也将流行明星当作社会影响者的一员。女性明星会对她们的粉丝产生影响吗？2015 年，新西兰的研究人员对女孩和日常生活中的流行文化进行了调研，研究青春期之前及更年幼女孩的早期性倾向。流行文化助长了虐童和性侵犯的风险，并让女孩们"在偶像的影响下过早地发生性行为"。这并不仅仅是担心年轻女孩穿短裙、化妆的问题，到目前为止这已经引起了公众的广泛关注。2013 年，英国、美国和澳大利亚甚至通过了一系列政策法案，特别指出女孩的成人化和恋童癖已经成为紧迫的社会问题。

儿童成人化的问题并不是因为女孩们的父母在家里化妆打扮，人们认为这是由于孩子们在媒体上看到的名人而引发的问题。新西兰维多利亚大学（Victoria University）心理学副教授苏·杰克逊（Sue Jackson）认为，受到孩子们欢迎的流行音乐崇尚"性别化""色情化"。自千禧年以来，美国色情产品的数量一直在增加。例如，演员麦莉·塞勒斯（Miley Cyrus），她的职业生涯开始于 11 岁时参演的迪士尼连续剧《汉娜·蒙塔娜》，并一举成名。17 岁时，她发行了专辑《桀骜不驯》（*Can't be Tamed*），开启了自己的音乐生涯。在拍摄的专辑 MV 中，她身穿一条轻薄的黑色紧身连体裤，配着一条酷似施虐 – 受虐狂（S&M）使用的皮带，跳着钢管舞。虽然她被男性主导的娱乐行业利用了——后来她说这对她的心理造成了伤害，但她的出现还是对别人产生了一定的影响。年轻的女孩会从自己多年来通过看电视认识的、信任的榜样身上吸收她们看到的东西。她们大脑中的镜像系统会复制看到的行为动作。镜像神经元还会让年轻的观众理解性诱惑的意图。很多孩子不会有意识地去观察、模仿，因为他们都会自发地、无意识地、持续地推断他人的行为，然后将它们储存进自己的大脑中。这种推断是我们理解日常社交活动的一部分。然而，还有一些女孩可能会公开复制偶像的行为。无论如何，关注公众偶像的大部分人会在某种程度上受到影响。荷兰拉德布德大学（Radbound University）的社会心理学家雅普·狄克斯特霍伊斯（Ap Dijksterhuis）称，虽然我们不会刻意模仿他人的行为，但我们对他人行为的感知会导致我们无意识地进行一系列的行为调整。在这个过程中，他人的行为模式会与我们现有的世界观和行为模式微妙地保持一致。以年轻的女孩为例，这会让她们养成色情化的行为习惯，并将这种习惯当作一种被社会接受的行为模式。总的来说，这意味着女孩们在向自己的偶像学习；反过来，当她们在学校里与朋友们相处时重复这些行为，也就将这种行为模式植入了她们那一代人的文化中。尤其是青少年，他们的大脑具有极强的可塑性，对社交互动反应强烈。例如，伦敦大学认知神经科学研究所的研究人员解释了"社交大脑"，即主管包括理解他人面部表情、探索生理运动、推测他人心理状况等社交行为的区域，在人的青少年期发生了怎样巨大的改变。研究人员在参考了大量的脑成像和行为学研究结果后发现，从儿童成长为青少年以后，到进入成年期之前，人体大脑中的神经元中储存了大量的行为和认知信息，改变了人的行为和认知。这些改变刺激了人对探索和新奇的追求，增强了情绪的不稳定性（快速变化）和社交敏感度（对社交和情感信息更加敏感）。脑成像图显示，刚进入青少年期的孩子对他人的情感和情绪表露尤为敏感，这可能会让他们变得更加脆弱，但也可能让他们做出更恰当的行为，使大脑发育成熟——只要有积极正面的角色楷模和积极正面的同伴影响即可。例如，华盛顿大学的心理学家们发现，大脑这些区域的活动越频繁，那么人在社交时变得焦虑的可能性就越低，也不太可能出现社交方面的问题。伦敦大学的研究人员称，增加我们对培养这些社交能力的理解，以及这些能力机制在大脑中相互作用的方式的理解，可以让我们明白为什么有些青少年顺利地进入成年期，而有些人在这个过程中困难重重。其中的关键因素之一，可能在于他们效仿的角色楷模是积极正面的榜样，还是消极负面的榜样；社交信息的神经学处理过程和获知这些信息的途径，对理解青少年心理健康风险尤其重要。

虽然没有直接的证据证明镜像系统的运作方式对青少年心理健康产生的影响，但神经科学和社会心理学方面的知识能让我们推断出，名人对我们的影响力是巨大的。它不仅与女权主义和性行为有关，还会涉及我们在生活方式、保健方式、如何对待我们的身体、购买何种商品以及日常生活中的许多其他问题上所做的选择。

一位学者称，像金·卡戴珊这样的女性形象，宣扬的是"女人应该以某种特定的方式来展现自己，这样才能获得欣赏、赞美、成功和幸福"。这才是问题的关键所在，无论你我是否赞同金·卡戴珊的观念，我们都想要过得幸福、健康，这是所有人的基本追求。我们从大量的研究中得知，幸福和心理健康的一个基本要素是对生活的意义和目标的理解——我们要知道自己是谁，真正的信仰是什么，以及如何能为世界做出贡献。然而，卡戴珊的行为方式将人们带入了相反的方向，也就是说，她让人们认为，幸福和成功建立在这样的基础上：第一，追求无法企及的东西；第二，向他人推销不奏效的"成功"方法；第三，宣扬生活中肤浅的理念。越来越多的媒体关注的焦点是，这些女性"通过美貌和性感获得成功，而不是通过教育和知识增强自己的能力"。

荧幕共享镜映

研究显示，孩子们平均每天要花 7 个多小时盯着屏幕，在放学后的空闲时间里，他们会和其他人一样观看视频影像资料，因此，名人和有影响力的人影响社会和文化常规与习俗也就不足为怪了。问题是，女性记住这些理想化的荧幕形象的过程，其实就是镜像系统工作的过程。研究显示，这个过程对她们建立自尊和自我形象产生了重要影响，她们会表达出对自己外貌、体态的强烈不满。而这就会导致恶性循环，让她们越来越想瘦身，越来越可能患上暴食症这样的饮食不规律病症。男孩们同样如此，如果经常见到形象完美的"角色楷模"，那么他们也会去追求变得像那些楷模一样。

然而，不只是幼儿和青少年会受到名人的影响，从某种程度上讲，所有人都会受到名人的影响。广告商和营销商也很清楚这一点，他们经常以合理的理由借用名人来推销产品，而且这一方法非常奏效。那么，为什么会这样？杜伦大学（Durham University）主要研究文化进化发展的人类学者杰米·泰拉尼（Jamie Tehrani）认为，我们对效仿名人的迷恋和渴望归因于人类独有的对声誉的渴望。声誉依赖于一种几千年前就存在的社会学习的形式，而建立在观察他人和从他人的行为中学习的基础之上的社会学习依赖于镜像神经元。

想象一下，如果我们生活在祖先所在的远古时代，在非洲高原上，我们面临的主要问题在于如何繁衍生息。在某段时期内，你一直试图捕获某种野兽，但是你的箭就是射不中它们，它们每次都能逃之夭夭。你所属部族中的一人，假设他叫弗雷德，尤其擅长打猎。他在你们的部族拥有这种"声望"，有一天，他带回了你一直都未能成功捕获的那种野兽。第二天，你提出想要和他一起去狩猎，仔细观察他是怎样射箭的，而不只是关注那只想要捕获的猎物。你会关注他捕猎的时候是怎么做的，比如怎么靠近猎物，怎么站住，怎么射箭，他用的是什么材质的箭矢，他在追捕猎物之前观察了多长时间。几周的时间里，你一共和弗雷德一起狩猎了好几天，通过观察他的行为你会镜映他的行为。然后，你终于成功地捕获了之前未能捕获的猎物。知道你之前失败的经历的朋友们都跑过来问你：这次是怎么做到的。你把一切告诉了他们。这就增加了弗雷德的声望，会有更多的人向他求教经验。这也让你获得了部落中女人们的青睐——一位成功的猎手是受人尊敬的，女人们也会将你当作理想伴侣的人选。你也向其他人传授了你的经验，例如你的侄子，你朋友的孩子们。其他从弗雷德那里学习经验的人也会遇到同样的情况。这就让成功的狩猎技巧得以传播给部族中的其他人及后辈们。随着时间的流逝，后辈们开始适应、改善它，并根据这种技巧衍生出捕获其他猎物的技巧。这是一种很棒的传播知识和专业技术的方式。然而，泰拉尼认为，"由于这种方法有些盲目，因此它会让人接受并认可角色楷模的所有行为，包括与自己的成功毫无关系的行为"。

例如，弗雷德在每天出去狩猎前会单脚跳几分钟。我们很难确认这是否会增加他成功狩猎的机会，但因为他这样做了，所以你也会跟着做。你没有理由说这与成功毫无关系，你不能去网上查，也没有接受过这样的教育，不能确定这种行为与狩猎成功的相关性。但是，你就这样重复了这种行为习惯，其他人也一样。后来，随着这种狩猎技巧代代相传下去，这种行为演变成一种复杂的舞蹈，在狩猎之前不先跳一段这样的舞，人们就会觉得不吉利。今天，我们会认为雨舞或幸运符毫无逻辑可言，但是我们的祖先从何得知这些呢？同样地，我们的后辈们也可能会怀疑：我们为什么要往脸上注射肉毒杆菌，只为了瘦脸而做这样的事真的很奇怪。

泰拉尼指出，效仿权威人士进行学习（因为他人成功而效仿他人）是一种广泛的策略，着眼于这种榜样人物整体，而不是让他们成功的具体因素。现在，我们可能有办法区别成功与不成功者成功或不成功的缘由，但是，从进化的角度出发，我们的主要驱动力在于这个榜样整体——我们会镜映他们的所有行为。如果球星大卫·贝克汉姆喷了某种古龙水，尽管这毫无意义，但这并不意味着喷上古龙水会让你成为一名超棒的足球运动员、英俊或富有的人，那么崇拜贝克汉姆的年轻人也会竭尽所能地去效仿他。如果某商品的代言人是我们喜欢的名人，我们就更可能去购买那款商品。

在我们祖先生活的时代，就所学到的东西而言，镜映行为的好处可能超过了坏处。我们的效仿学习就是适应他人的行为模式。然而，泰拉尼说，如今我们镜映的都是"本身没有什么用处"的行为，比如整容。正因如此，就不难理解大品牌商家为什么请名人来为他们的产品代言了。名人会受到各路媒体的全方位关注，人们也会无差别地镜映他们的所有特性——他们穿的衣服，以及做的事情。名人接受品牌赞助或者同意穿某家时装公司设计的时装都是很谨慎小心的。当我看到与我一起工作的设计师为奥斯卡、金球奖或名人们的最新演出准备衣服时，我才第一次认识到这一点。这些设计师知道，有很多人会效仿那位明星所做的事，有很多人想穿那明星穿的衣服品牌，但在很多情况下，这些人镜映明星的言行都是无意识的。名人在对商品销量产生影响的同时，也会对粉丝们的心理产生更深远的影响。这种影响力会作用于他们的自尊、幸福，他们为生活设定的目标，以及实现目标所用的方式上。所有的名人难道没有责任认识到这一点吗？那些想要成为积极正面的角色楷模的人，难道不需要找到方式建立积极正面的形象吗？泰拉尼问道："我们渴望效仿富有且成功的人，因为他们迎合了我们对声望的渴求，不过名人就真的全是积极正面的角色楷模吗？"

名人不是优秀的猎手或收集者，他们并不是因为擅长储存食物或保护领地而获得自己的地位。他们可能更擅长社交和吸引异性，但我们并没有与他们有直接的交流，因此看不出他们的行为方式有什么特性，从而让我们在这些方面获得成功。然而，我们仍然无意识地镜映着他们的行为，然后落入广告商和营销商的手中，因为我们的大脑进化出了这样的功能。那么，谁来承担这个责任？一方面是产品，另一方面则是整体的行为、价值观和态度选择。父母和监护人显然是在孩子的生活中对他们影响最大的人，但孩子们很快就会关注运动员、明星和社交媒体名人。这些人有机会对孩子产生非常正面的影响作用，我们将在第九章中详细探讨这个问题，他们可能只是为了娱乐大众才会展现出这一面，但他们也可能会宣扬暴力、侵略、性、种族主义的观念，并对很多人产生深远的影响，进而形成一种文化形态。

媒体已经成为社会的喉舌，承担着巨大的责任。媒体宣传的不只是社会、学校或家庭的价值观念，还有一些可能会带来负面影响的价值观，即那些缺乏对自我的认知和对人生目标的理解，将生活美化以供他人追求以及一些本意很好的人宣扬的价值观。但是作为孩子甚至成人，我们也很难知道要效仿谁、听从谁，很难辨明是非——好像媒体上说什么，什么就是对的。

不过，那些商家和名人应该明白自己的职责，并知道自己该怎么做。对于孩子生活中能够接触到的角色楷模们，父母有责任与孩子们探讨应该镜映哪些行为，不应该镜映哪些行为，以及镜映与否的理由；有责任与孩子探讨镜映的行为的意义，探讨他们镜映的是不是他们真正想要效仿的，他们为什么要效仿。

如果没有榜样或者归属感，那么叛逆的年轻人可能会加入帮派组织，甚至会做出激进化行为，参与暴力冲突事件。名人取代了那些曾经因价值观和能力而受人尊重的人——这种取代不是看名人拥有的粉丝数量，这一点意义都没有。网络世界让人们有了更多的机去接触不被传统社会尊重或重视的人，而且现在所有人都可能成为网络世界的主角。因为我们的大脑生来就会镜映，我们需要在我们从青少年到即将成年的这一段脆弱且深感压力的阶段镜映某人——如果没有积极正面的角色楷模，那么我们就很有可能会去镜映消极负面的角色楷模。

第九章
积极正面的角色楷模

镜映的改变能力

贾米拉·贾米尔于 1986 年出生在英国伦敦的汉普斯特德，他的父亲是印度人，母亲是巴基斯坦人。因为她在当地属于少数族裔，所以在学校里经常遭到欺负和辱骂。在一次接受采访时，贾米拉说："上学时，我的身材胖乎乎的，比其他女孩都要高，看起来和她们不一样。我的皮肤不好，而且戴牙箍。我经常因为外貌而遭到嘲讽，从小就因为自己所属的种族而遭到欺负，而且是很极端的欺负手段。"

她有饮食不规律的习惯，并在 14 ~ 17 岁患上了厌食症。作为成人，她描述了这种极端的欺负是怎样影响她的心理健康，让她对自己的出身和外貌感到羞耻的。

在第 4 频道（Channel 4）接受克里希南·古鲁 – 莫西的采访时，贾米拉说，在孩提时代，她"受到了一种观念的深远影响，那时（我）没有见过因为才智而受人尊崇的女人……我购买的所有杂志都在宣传减肥产品，告诉我一定要以瘦为美。不然，我就什么也不是"。她没有积极、正面的角色楷模，也没有什么重要的人物可以镜映，更没有人对她说与众不同是件好事。

贾米拉·贾米尔现在是第 4 频道的电视主持人和英国广播公司无线电广播一台的流行音乐节目主持人，近期还因为参演了美国全国广播公司（NBC）的电视剧《善地》（*Good Place*）而成为好莱坞巨星。因为她成了名人，所以她公开表达了自己作为角色楷模的责任，热情地接受了这个职业带给她的机会。她为自己坚信的理念代言，成为英国少数族裔女性的杰出代表，为他人做出了榜样，而这种榜样是她自己曾经缺乏的。

贾米尔在社交媒体上谈论各种话题，比如女性应该洁身自爱等。她从不害怕得罪他人，想怎么说就怎么说，从记者到知名度高的名人，哪怕是可能对她的职业产生消极影响的人。例如，在接受古鲁－莫西的采访时，她称金·卡戴珊是"一只披着羊皮的狼"，她还说："就因为她看起来像个女人，所以我们相信了她，我们认为她是站在我们这边的，不过她却卖给了我们一种让我们感觉并不好的东西——让我们自卑的自我评价。"她打破了不断变化的社会规范，创造了一种另类的态度和方式，供人们镜映。

2019 年 3 月，贾米尔在社交媒体上发现了一篇很特别的帖子，这让她大吃一惊。一群女性网友在帖子中贴出了自己的照片，并在照片上注明了拍照时的体重。贾米尔在她的博客中这样写道："这就是女性受到的教导方式。"对此，她说道：

> 我真不敢相信我所看到的……帖子上问我们认为她们的体重如何，

然后又问粉丝们:"你们体重多少?"这是一种无用且有毒的废话!除了让年轻女性对一些毫无意义的东西感到焦虑,这篇帖子还想达到什么目的?我们教给了女性怎样的价值观?

作为回应,贾米尔开通了一个名为"I Weigh"(我重)的社交账户,希望能够不凭人的体重而是根据人做出的成就和贡献来评测人的重要程度。她想鼓励人们看到自己的价值,而不只是完美的体形和体重。发表了这篇帖子后,她收获了 100 万粉丝,来自世界各地的网友发帖评论。这篇帖子的态度是,人们应该从内心重视自己,而不是只关注自己的外在形象,也不必因社交媒体上看起来不真实的形象而感到有压力。我们的镜像系统会将这种态度当作心理上的效仿对象,并据此产生一种自我价值观念。在某些情况下,它可以取代之前更消极的心态模式。

可以说,贾米尔是一位积极、正面的角色楷模,她以一种积极的态度站在大多数人的立场上发表言论。但她也承认,这可能会让一些父母反对自己的孩子效仿她。人们也曾质疑,她是不是代表爱身体人群的最佳人选,因为她曾经也是一名模特。不过,这也引出了一个问题:到底谁才是好的角色楷模?成为好的或坏的角色楷模是人们自主选择的吗?谁能决定谁是好的或坏的角色楷模?毕竟,我们认为,任何人说的话都与他们的立场和个性有关。

人们对于体育领域的角色楷模寄予厚望——在许多家庭中,从孩子的童年期到成年期,体育明星一直都影响着家庭的生活方式和价值观念。可以说,这是一种机遇的载体。例如,约翰·麦卡沃伊(John McAvoy),他最初是一名持械抢劫犯,后来被关进了英国监视程度最高的监狱，现在却是一位代言体育品牌的铁人三项职业运动员。在被监禁期间，麦卡沃伊经常与一位同样热衷于运动的狱警一起去体育馆，这名狱警鼓励麦卡沃伊充分发挥自己的潜能，从而改变了他的人生。对麦卡沃伊来说，这名狱警就是一位好的角色楷模。这不仅让他远离了犯罪，出狱后，他还成为一名职业运动员。在一次接受采访时，麦卡沃伊阐述了体育运动的作用效果："如果我仍然像以前那样活着，我早就死了，或者会一直遭受监禁，永不能见天日。对我来说，这两者没有什么区别。是体育拯救了我的生命。"

在一次采访中，他讲述了自己是怎样镜映犯罪活动并过上罪犯生活的。他汲取了自己生活范围内的态度、价值观念、信仰和行为，镜映了身为惯犯的继父和叔叔的行为。这是他的大脑所认识的一切。他个性偏执古怪、刚愎任性，在那样的环境下，他就成为一个罪犯。当有更健康的思想观念渗透进来时，他也开始镜映这种完全不一样的价值观念和行为习惯。

麦卡沃伊经常去学校参加活动，鼓励孩子们参与体育运动。在学校里，孩子们将体育老师当作角色楷模，学习他们的体育技能。这会让孩子们发生改变，不仅会让他们变得更自信和更有自尊心，而且能影响他们以后取得的成就。凯莉·霍尔姆斯是在肯特县的一处市属住房区里长大的，她的母亲是一位单身女性。她公开表示，自己在学校里过得很艰难。那时，她对自己没有信心，也一直认为自己什么都做不好。后来，她的体育老师注意到了她，发现了她在跑步上的天分，并鼓励她专心、努力训练，让她对自己有了自信，建立起了她的自尊心。这是霍尔姆斯生命的转折点，此后，她一直专心而努力地训练，最终在 2004 年的雅典奥运会上赢得 800 米和 1500 米项目的冠军，成了英国第一位获得奥运会这两个项目冠军的女运动员。只要有父母或亲属之外的一位成年人对孩子表现出兴趣和信任，就足以帮助孩子走上更积极的人生轨道，给他们以指引，让他们镜映积极、正面的行为观念，引导他们做出建设性的成绩。如果他们获得了像霍尔姆斯一般的地位，那么他们就肩负起了角色楷模的重任。作为角色楷模，体育明星激励了许多人努力克服生活中的问题和障碍，因此也就成为机遇的载体。不过他们承担这样的职责是公平的吗？职业的体育运动员做到了最好，就应该承担这样的责任吗？

成为榜样的压力

1993 年，在给耐克制作的广告中，NBA 篮球运动员查尔斯·巴克利（Charles Barkley）就对上述言论做出了如下著名的回应："我不是一个榜样……我拿钱不是为了做榜样，我是受雇来篮球场上打球的。给孩子做榜样的应该是父母。我能成功灌篮，但这并不意味着我就应该替你教养孩子。"他当时说出这番话的意思是，成为一个伟大的运动员并不意味着就一定能做别人的角色楷模。事实上，无论职业运动员是否接受这一点，他们都成了别人的角色楷模。从整体上而言，所有男孩和女孩都将自己的父母作为主要的角色楷模，排在第二位的角色楷模就是体育明星，男孩尤其崇拜体育明星。在英国，公众最崇拜的体育明星首推足球运动员。他们之所以能够鼓舞孩子们，是因为孩子们能够观察并理解他们的行为，而要孩子理解商人或政治家的语言和行为就要困难得多。孩子们能够明白运动员要想成功必须经历的坎坷，而且无论家庭背景如何，运动员都能够通过自身的努力获得成功。孩子们也可以在想象中体验同样的经历和故事。此外，在万众瞩目下与他人比拼，之后获得胜利，赢得粉丝们的欢呼尖叫，这个过程是令人兴奋的，而且媒体会大肆报道赛事过程，向公众展现他们的个性和私人生活。但这并不一定是好事，在这种情况下，角色楷模要背负很重的责任。

2019 年，足球网站 Prost International 发表了一篇名为《为什么女性运动员成为他人的角色楷模会有压力》的文章，文章指出："角色楷模的问题在于，人们都认为，角色楷模是完美无缺的，但不是所有运动员都是这样的人。"如果是"鼓舞人心"的角色楷模，那么从某种程度上来讲，这句话是正确的。虽然有时我们会因为一些事情而责怪父母，事实上我们并不期望他们是完美无缺的，我们也不认为我们的老师、亲友或医护工作者是完美无缺的，那么，期待职业运动员在各方面都完美无缺公平吗？这篇文章中特别提到了世界杯冠军玛丽·帕克（Marlie Packer），2018 年，她第二次犯下了酒后驾驶的罪行。这种行为可能会被年轻的粉丝偷偷镜映，或至少当作"正常"的行为。帕克显然不是个例。的确，那些身处聚光灯下的运动员在运动方面表现卓著，但这并不意味着他们在各个方面都是完美的。

然而，他们确实应该为某些行为和价值观念的传播负责。虽然作为专业运动员，传播行为习惯和价值观念并不是他们的职责，但作为体育行业的职业精英，他们的确有这个责任。年轻的潜力股运动员受训成为最优秀的运动员，他们知道，一旦完成了自己的梦想和期待，运动赛场就变成了他们的主场。如果他们并不希望成为这样的运动员，他们就可能选择不同的职业道路。在提到帕克第二次酒后驾驶的那篇文章里，作者还引用了苏格兰足球运动员埃琳·库斯伯特（Erin Cuthbert）的话，从她的话中我们可以看出，她认识到了自己作为角色楷模所需要承担的职责："我们 23 个人成了角色楷模，我知道，我们现在有了要为成长中的孩子树立榜样的职责了。他们会敬仰并模仿我们。我们必须保持职业和个性上的成功。"他们身处那样的环境，这一点当然是真的。对上述这些楷模人物来说，这一点非常重要，他们一个是少数族裔通过个人努力成为好莱坞巨星，一个是因改过自新而实现蜕变的职业运动员，一个是女子足球运动员（埃琳·库斯伯特），对任何成长中的青少年而言，他们都是打破偏见壁垒的光辉楷模。然而，他们也与其他人一样，都是寻常人，并且都不是完美无缺的。

我们在影视剧和文学作品中见到的那种完美得堪称角色楷模的男女主人公，在现实中是不存在的。例如，动漫作品中的超级英雄无敌浩克、超人和蜘蛛侠，他们的超能力都是凭空而得的，并且他们都有神经质的倾向。X战警是变种特警，与地球上的所有人都不一样，因此他们是外来者，需要努力适应地球上的生活。即便是没有超能力的主角，也是有缺陷的——电影《007》的主角詹姆斯·邦德酗酒，喜欢打赌，开车鲁莽，总是不断地勾引女人。《哈利·波特》中的主角赫敏·格兰杰好辩，有时候会露出高人一等的姿态，固执己见；当压力大的时候，她会将自己的情绪发泄到别人的身上。如果没有缺点，这些角色即便是作品中的主角人物，也无法引起读者的共鸣，我们就无法认识、理解、信任他们，无法对他们产生同理心——这些都是在我们的镜像神经元镜映他人、我们效仿他人时所必备的因素。有缺陷的人物会让我们看到我们能够在自己身上体现出来的特性，虽然是虚构的人物，他们也给了我们希望，我们也会下意识地认为，如果有缺陷的他们能做到，那么我们也能。现实生活中的角色楷模也能让我们产生这样的想法。然而，我们仍然要认识到，我们都会对效仿我们行为的人产生很大的影响。

所有人都以某种方式成为他人的角色楷模。本书中，我们也讨论了与此相关的所有因素：情感联系、信任、同理心和接触程度。这些都是成为角色楷模的关键因素。

个人力量也能产生巨大的影响

社会上对善恶好坏有各种普遍化的观念认知，但这种认知会因为我们所处的文化和社会环境不同而异。通常，"好"和"善"意味着体贴并帮助他人，尤其是帮助那些境况不如我们的人；学着成长为充分发挥自身潜能、为社会做贡献、为下一代开创更美好世界的人。这些观念并不是某种宗教或意识形态所特有的。但我们也看到，有越来越多的生物学和神经科学证据表明：人类是亲近社会的物种。我们希望，这些因素是人成为"好"的角色楷模的动机。此外，那些好的角色楷模知道并接受自己的这份职责，他们心态开放，为了自助并帮助他人而维持着清晰的自我认知。

我们在前文中探讨过人类大脑的应激反应区和观察探索区，总而言之，应激反应区思维反应较快，凭直觉做出无意识且快速的反应。这一点，正如我们在关于人的慷慨度的研究中看到的，作为人，我们应该对他人做出善意的回应，除非是在面临威胁，诸如"战斗"这样的生存驱动因素出现时。大脑的观察探索区与新大脑皮层有关，这一部分区域负责做出决策和制定规划，思维速度较慢。它较少受到冲动性的、基本的驱动因素（比如对吃、繁衍和保护领地的需求）驱使，更多的是通过思考促进实现更高层次的目标。研究表明，当我们利用这种思考为社会大众做贡献、为我们都能和谐生活在其中的社会做贡献时，我们的满足感和幸福感最高。

人们可能会由此得出这样的结论：坏的角色楷模要么是有被其他驱动

因素遮盖的意图，例如金·卡戴珊就是想通过性、美貌和金钱（与地位有关）获得成功；要么就是他们已经习惯了通过大脑的探索发现区做出与本来意图不符的决定。当我们心平气和且处于安全的环境中时，我们大脑中更高级的探索发现区会让我们观察世界，理解事物存在的更深层的意义。不过，我们可以进行这样的推论：现代生活让我们的大脑不断经受压力和考验，这种负荷会像坏的角色楷模一样对我们造成消极的影响。

英国说唱歌手斯托姆兹（Stormzy）被《时代》杂志提名为 2019 年新一代的领袖人物之一。2017 年，斯托姆兹被牛津大学非洲和加勒比海学会授予了"年度人物"称号。在接受 BBC 采访时，牛津大学非洲和加勒比海学会的总裁蕾妮·卡普库（Renee Kapuku）说明了斯托姆兹当选"年度人物"的理由。"他是一个很好的例子，向人们证明了非洲裔欧洲人可以怎样在坚持自己根基的过程中取得进步……他从不害怕对抗不公正，也已经在我们这个社会中取得了积极的成果。"

斯托姆兹 21 岁成名，现在 26 岁了，他也明白自己肩上的重任并不意味着他已经是一个成年人，从心理学角度来说，他的确没有完全成熟——他仍然处于成年初显期。他在社交平台上这样写道。

我有很多缺点，而且也仍然在学习怎样做一个成年人，还在努力弄明白怎样成为我需要成为的人。虽然我还有种种困惑，但是我仍然在竭尽所能地努力成为最优秀的自己——我有我的目标。我的目标让我走到了这里。

他这样做就是在向年轻人传递一条有建设性的信息，因为他就是那种在哪里出错了，就会公然承担责任的典范人物。他这样做也是在告诉大家，年轻时犯错不要紧，只要你的目标是变得更好即可。

好的角色楷模就是这样通过积极的、亲近社会的意图影响其他人的。最初，这种作用是由大脑的应激反应区做出的，因为我们本来就有帮助他人的本能。只不过，详细规划并持续不断地努力，激励自己为社会做出积极贡献的是大脑中反应速度更慢、更高级的大脑的观察探索区。所有这些楷模人物都主动坦承自己犯过的错，并对自己所处的有影响力的地位负责。如果没有这种自我认识和对责任的渴望，或者是曾经有但失去之后，人又会变成什么样？他们还会是好的角色楷模吗？

以身作则

优秀的领导者就是一类好的角色楷模。对于行业领导者，我主要是帮助他们更好地了解自己，让他们欣赏并修正他们对他人和对世界产生的影响作用。这既有助于提高他们的领导能力，也有助于促进角色建模。想一想，镜映对企业机构的文化和价值观念会产生怎样的影响。没有自我意识，或者不为自己在担任领导人物、成为名人时和在生活中对他人产生的影响承担全部责任，那么你所需要承担的风险，既包括你的能力提高受限制，又包括对他人产生消极负面的作用。在日常生活中，如果我们让人讨厌，不遵守社会规范或者惹恼他人，我们往往会受到阻碍，不过在领导者和名人的世界中，这些有益的天然界限已经不存在了。例如，一名领导者过于不切实际，那么他们就会认为这个世界赋予他们的权力与其他人不一样。即便是最优秀的领导者也可能变坏，毕竟，无论领导者、名人，还是他们的追随者或粉丝，也都只是寻常人。

为什么领导者开始的时候是好的，后来渐渐地变坏了？这通常被归咎为"傲慢综合征"，就是因为权力或声望带来的极度的骄傲和自信。大卫·欧文（David Owen）勋爵是一名英国政治家，20世纪70年代他担任外交大臣。2009 年，欧文与北卡罗来纳州杜克大学的精神医学教授乔纳森·戴维森（Jonathan Davidson）合作，发表了一篇关于诱发傲慢综合征的因素的文章。戴维森称，傲慢与其他人格障碍不同，是一种后天形成的人格障碍，无论生存的环境如何，这种症状表现会贯穿人的整个成年期。傲慢的领导者"迷恋"权力，认为自己几乎无所不能，而且越发忘记了他们所面临的境况有多么微妙。良好的、承担所有责任的领导者具备的关键特质之一，就是会随时关注境况中的事态发展。而傲慢的领导者几乎没有这种特质。奥文和戴维森列举的傲慢综合征症状包括以下内容：

- 过分关注形象和表现；

- 过分自信于自己的判断而轻视他人的建议和评论；

- 过分自信于自己的能力，认为自己无所不能，什么都能做好。

镜像系统需要在社会规范的背景下运行。在远古时代，没有人会为了逃避集体对自己的期待而远离集体。部族的规则不允许领导者傲慢，因为一旦领导者表现得傲慢自大，就会马上被驱逐出去。然而，如今我们一座城市可能有数百万居民，现代技术让我们相互联系，却没有约束"规范"，领导者更容易跟不上潮流。出于上述的那些因素，我们现在几乎不可能罢免那种在远古时代被定义为"坏的"领导者。

在欧文和戴维森撰写的文章中，他们探索了过去上百年中美国和英国政府首脑傲慢综合征的临床症状。

对大部分普通人来说，问题在于，我们要经历时间的打磨才能完全看出领导者所做之事的真相，以至于我们无法在他当政期间指出他所做之事的问题，促进他进行改变。在我们支持的领导者刚崭露头角的时候，对立阵营的政治家和评论员会揭露出他们存在的问题，令他们担忧。政治家有时也会做出对自己不利的事情，但他们的公关团队会为他们抹除这种消极影响。我们的确希望，他们的内部团队能够指出他们存在的问题，不过公关团队成员的职业与领导者的成功紧密相关，所以这种情况不太可能发生。

大多数领导者、杰出人物和像我们这样的普通人，都没有这种体验经历。

从心理学角度而言，我们所讨论的积极角色楷模的一个关键共同点就是，他们对自己从事的事业拥有坚定的信念。他们所坚持的信念具有重大意义，而且他们决心已定。心理学家、神经科学家维克多·弗兰克尔（Viktor Frankl）在他的作品《活出生命的意义》一书中，列举了很有说服力的事例，用来说明决心的重要作用。他描述了自己辗转奥斯维辛和其他集中营的经历，以及如何在最残酷的经历中找到意义，让他坚持下去，给他活下去的理由。弗兰克尔采访了许多与他一起被囚禁于集中营的囚犯，他发现，那些击败疾患的幸存者拥有更强烈的目的性，这也是他们能坚持下来的缘由所在。弗兰克尔提出了一种知名的观念：在日常生活中，那些没有找到生命意义的人用享乐主义式的娱乐来填补他所说的"导向性空虚"，如权力、物质、强迫他人的习惯等。换句话说，就是大脑的应激反应区所追求但其带来的满足感不持久的东西，这与积极的角色楷模带给我们的正好相反。做事有目的性，努力追求那些对我们自身有影响力的事物，那些在大脑更高级的区域起作用的东西，效果是如此强大，人们发现，这些会带来一系列积极的成果。从心理健康的角度而言，有追求地活着，人们能够消除自身的紧张焦虑和抑郁感，控制痛苦的能力也会得到提升。生理上的益处则包括抵御心脏病、减少阿尔兹海默症的影响，甚至能延长我们的生命。此外，找到生命的意义所在也能提高我们的幸福指数和对生活的满意度。由此，我们不难看出，某些知名度高的人是怎样将此当作面对压力时的指南针和盾牌的。当然，在问诊高级领导者时，心理医师也将此当作探索的一个方面。这对任何角色楷模都很有用，而寻常人在面对生活时也要有追求，这能保护我们的心理健康，让我们能够成为人类社会中更积极正面的角色。

好的角色楷模的第二种共性就是，他们不仅为自己对他人产生的影响负责，还有很清晰、明确的自我认知。每个人都有优点和缺点，有的人喜欢它们，有的人不喜欢它们，我们也都会做对事和做错事。重要的是，当我们拥有了一定的社会地位时，我们要清楚这个社会地位所需承担的责任，无论作为媒体名人、政要、商人，还是作为父母，都是如此，重要的是接受这个社会地位所带来的职责。这也是积极正面的角色楷模所做的事。例如，上文所述的贾米尔就公开承认自己并不完美，并称自己是"成长中的女权主义者"。她承认，从她的外表来看，有些人可能会怀疑她行事的意图，然而，她勇敢地表明了自己的立场，并说明她多么希望能用自己的特权帮助弱势群体，让所有人都听到他们的声音。重要的是，我们不能将童话故事中的完美男女主人公与真正好的角色楷模混为一谈。无论老师、医护工作者、父母、亲人、运动员还是电影明星，没有哪位角色楷模是完美无缺的。重要的是，我们是怎样应对和处理那些缺陷和不足的，我们应对它们的态度和行为会被那些尊重我们、与我们相处的人镜映。

第十章
改变世界

2019 年 10 月 5 日，泰国考艾国家公园里，13 只大象试图从 150 米高的海纳罗克瀑布顶端走过。当时正值雨季，暴涨的水流湍急，看起来格外令人感到触目惊心。它们穿过瀑布顶端时，一只 3 岁大的小象滑倒，从瀑布边缘掉了下去。后来，人们在瀑布下游找到了另外 10 只大象的尸体。接受 BBC 采访时，当地的一名官员巴丁·前斯卡姆说："也许一只小象滑了下去，成年大象们想要救它，但都被水冲了下去。"

为此，BBC 采访了纽约亨特学院城市大学专门研究大象行为的心理学副教授约书亚·普洛特尼克（Joshua Plotnik），他说："当一只大象遇险时，家族中的其他大象会竭尽所能地帮助它，这是很正常的现象。"

公园的工作人员救起了一只在附近的岩石上挣扎的母象和它的宝宝，它们是那一群大象中仅剩的幸存者。现在，科学家们担心的是它们的心理健康，因为众所周知，若它们中的一只同伴过世，它们都会一起哀悼，更别说这次失去生命的几乎是整个族群了。普洛特尼克继续说："这种动物脑容量很大，它们很聪明，社交性强，也有强烈的同情心……我敢说人类所有的喜乐哀愁，它们也有，我们会经历悲痛，它们也能体会。"他们也很担心，如果象群失去了母象，它们也就失去了前辈们所积攒的关于它们所生活的丛林的知识和信息。科学家们认为，从长远的角度而言，这可能会影响它们的行为。

不过这与我们有什么关系？大象又不是靠着记录或是相互教授彼此行为来传播知识的，它们是通过观察学习的，这与我们学习社交和情感处理技能是一样的。作为人，我们有能力积累知识，尤其是通过掌握、传播了解科学知识，让人类文明获得巨大的进步。然而，我们的社交和情感处理技能主要是依靠陪伴我们成长的人、我们生存的文化环境，以及每一代人大脑中的镜像神经元系统来传播的。加州大学洛杉矶分校的成长心理学教授帕特丽夏·格林菲尔德（Patricia Greenfield），在《纽约时报》上发文称："镜像神经元为文化的进化发展提供了强有力的生物学基础"，我们现在"知道，镜像神经元会直接吸收文化信息，每一代人则通过社交学习、观察和模仿来传播"。

我们认为，大象与人一样，是用镜像神经元来学习生存知识的。我们生存在这个社会世界中而不是野生丛林里，那么我们不是也有失去我们镜映能力的风险？我们越来越倚重科技，这对我们来说，是不是也像大象有从瀑布边缘掉下去的潜在风险？我们是否在毁掉作为人的能力？

科技会影响镜映吗

我们传播科技知识的非凡能力，不仅根植于我们的内心，而且我们世代相传，但它正在破坏社会的稳定性。这种越来越依赖电子屏幕的能力，减少了我们培育镜像神经元的机会。它阻碍了我们对世界的理解和认知，我们从本书中已经知道，要想过得充实幸福，就需要适应微妙多变的社会规则，而依赖科技也阻碍了我们过得充实幸福。没有镜映这种基本的生存能力，我们就会变得更糟——心理健康受损只是其中的一个方面。

如今，心理健康问题已经成为世界范围内的一种常见病，且受其影响的人越来越多。估计到 2030 年，全球将因心理健康问题损失 16 万亿美元。2017 年，英国全民医疗服务发布的数据显示，这一问题在年轻人中表现得尤其严重。2004 年，在 5 ~ 15 岁的孩子中，有心理问题的约占 1/10，到 2017 年时，这一比率升至 1/9。在英国，16 ~ 64 岁的人群中，有 1/6 的人有心理健康问题。这一现象产生的主要原因之一就是，我们学习社交和情感处理技能与他人沟通联系时，利用我们镜像神经元的机会大大减少了。从培养的角度出发，至关重要的是为孩子提供持续接触环境和互动的机会，这有助于培养他们的镜映思维。这不仅能培养他们的承受能力，还能让他们以自然的方式健康成长。另外，角色楷模也能让他们提高对已经存在的问题的认识。

积极的角色楷模已经开始通过医护专业人员和专家发起的一系列活动，公开交流他们在心理健康方面存在的问题。英国公众健康部发起的"每一颗心都很重要"（Every Mind Matters）活动就吸引了许多角色楷模的关注，如演员格伦·克洛斯（Glenn Close）、吉莲·安德森（Gillian Anderson）、乔丹·斯蒂芬斯（Jordan Stephens）、戴维娜·迈克考（Davina McCall）、纳迪亚·侯赛因（Nadiya Hussain）。上述的这些人和全世界各地的诸多角色楷模都在为此付出自己的努力。

我们现在处于一个比以往任何时代都能更有效地治疗精神疾病的时代。关键在于，虽然人们更乐于向外界寻求帮助，但我们也看到了，英国精神病处方药的使用频率正在以前所未有的速度增长。这个速度之所以增长飞快，不只是因为现在人们更敢于公开表达自己的心理问题了。科技、社交媒体，更快速方便的生活，大家庭分散为一个个小家庭，社会支持减少，以及一系列其他因素，导致我们的生活方式与大脑的积极运作方式不符。虽然从表面上看，我们的社会更注重个人化，不过通过研究发现，我们也是非常依赖他人的。正如亚科博尼所说的那样："镜像神经元……证实了我们不是独立的个体，我们从进化的角度和生理设计上都是与他人紧密相连、息息相关的。"

明白了这一点，我们也就知道了，剥夺了我们与他人联系的机会就像截掉孩子的肢体，或者剥夺孩子保持健康成长所需的营养。实际上，我们被剥夺了成为人的机会。

沟通陷阱

复杂的网络世界通过给善意的新手发声的机会，加剧了另一个与心理疾病流行有关的问题。在远古时代，部族成员有不同的分工，他们积累知识，然后与大家共享。例如，生病了有药师；最好的猎手能捕获最珍贵的猎物；最好的木工负责制作最坚固的船。这种方式一直持续到近现代，技术发展让我们认识了许许多多我们之前根本不认识的人。现在这个世界被信息狂轰滥炸，而且超出了传统领域，我们天生的决策机制失效了。看看大多数人去找谁帮忙解决一个特定的问题，就能知道谁的追随者最多，然而，这并不能代表被追随者拥有专业的知识。谁知道他们在谈论什么，谁不知道呢？例如，社交媒体上关于心理健康的帖子大多得到了如下评论。

- 用小睡代替吃饭或吃零食是一种逃避。（帖子发布者有 17 600 位粉丝）

- 如果任何人对你说的任何话都能让你产生情绪反应，那么你还可以忍受。真正的能力在于，不管听到什么都能安然地坐在那里，用逻辑思维去理解所有事，真正的能力是克制。（帖子发布者有 36 000 位粉丝）

上述这些帖子无论它的本意有多么好，都对人无益。它们并不是以任何心理学知识为基础的，只会让众粉丝们陷入心理健康问题的"陷阱"。心理问题尤其严重，因为所有人都"认为"他们知道心理问题是怎么回事，直到现代，大部分人还不会向心理医生去咨询，寻求建议，因为他们认为这是一种耻辱。然而，我们的心思和行为都很复杂，由于我们的大脑与生存的世界极度不符，这也就加剧了心思和行为的复杂性。

在心理健康方面有一条微妙的界限，我对此拥有强烈的感知。虽然公众角色楷模分享了他们的经历故事，说出是什么帮助了他们，这一点相当重要，但我还是认为应该由专家提供这个界限。诸如"集思广益""每一颗心都很重要"这样的活动，心理健康方面的角色楷模能够产生相当大的积极影响，他们能够动摇不同社会团体长期持有的观念，如"男孩不应该哭"这样的观念。然而，我们现在需要做出更多的行为，只有在专业人士提供建议和预防措施的情况下，角色楷模才能以负责任的态度公开坦承自己的心理疾病。

那么，我们怎样才能先发制人地预防和限制这种公开坦承带来的负面影响？为了做到这一点，我们需要更高效地利用镜映，并认识到学习如何做人不是一件必然的事。想一想那个野孩子的案例，他没有机会去镜映像人一样说话、走路、进食，所以他也无法做出上述的动作。无论野孩子接受了多少人类生存必需的基本技能知识，但与那些生来就能镜映这些技能的孩子相比，他们总是落后一步，都是不开化的。同样地，没有学到足够的社交和情感处理技能，我们就无法发挥出最佳的潜能，过上丰盈充实的生活。学者们将这种传承学习的能力称为"积累式文化进化"，这让我们创造了一个没有人可以独自生活的世界。知识代代累积相传，这让我们的社会不断进步。如果我们只学习与我们的行为和思想有关的软文化，会发生什么呢？我们成长，做事，思考，理解身边人的意图，建立与他人的情感关系，都是通过将他人的行为观念镜映到我们的大脑中来完成的。如果我们依赖电子屏幕，只是专注于电子屏幕而不真正地倾听周围的世界，只是急切地想要达到下一个目标、催促着孩子们专注于学业、关心自己，那么会促成积极正面的成果吗？

2018 年，伦敦女王玛丽大学的心理学讲师就积累式文化进化的过程进行了类比，他将这个过程比作学习读写这种能够增加我们智力的能力培养过程。一旦我们学会了读写，我们就能学到更多的知识，并对这些知识进行探讨交流，而这也能提高我们个人和集体的能力。我们学着使用和培养镜像系统也是如此。例如，我们在学说话时，先开始学习字词，然后才能学着提问，以便学习更多。理解他人的想法、观念时，我们就会问这是不是他们自己想到的，然后会得到回馈，成为我们的知识储存。我们可以想象、讲故事、同情他人、理解自己的情感，并了解怎样驾驭我们的社会世界。如果我们获得的知识不够，就无法培养并利用这些能力，而这也会限制我们的精神、道德、社交、文化能力的培养。

　　遗憾的是，即使教导孩子们保持良好的情绪状态，也会适得其反。托尼·欧德（Tony Eaude），一位独立的研究顾问，他对幼儿的精神、道德、社交和文化技能的培养特别感兴趣。他说，当幸福和情感满足被视为明确目标时，这会让人变得个性化，让人内省，让人更脆弱，结果就是好心好意并没有促成积极的结果。幸福的基本概念可能导致孩子不愿意去感受日常情绪反应的复杂性和模糊性，从而限制了他们的学习。使孩子或成人情绪有韧性的技能是通过现实生活中的互动学习的，它们应该以自然的方式被学习和掌握。说到孩子，欧德强调了成人在情感上与孩子协调的重要性，承认可以帮助孩子建立良好的心理状态，促进人心积极向善。例如，了解另一个人的情绪情感体验，认识他们面对这些体验经历时做出的反应，这些都要靠镜像神经元。一个自信的孩子可能更能体验试验和冒险的滋味，而焦虑不安的孩子需要更多的支持和肯定，要做到这一点，我们就必须认识并接受人类的独立性和相互依赖性。这也反映了我们需要不断地重新平衡和调整我们的世界，最重要的是与其他人的关系，这是我们镜像系统之所以起作用的关键因素。我们需要彼此，我们需要有意义的、细致微妙的沟通联系，从而让我们好好活着并传承文化。

　　没有任何研究指导该怎么做，以及为什么要这样做，在一个不自然的系统（我们所生活的世界）中做好事，也会带来其他方面的问题。某好莱坞女星就是一个拥有良好的亲近社会意图并用自己的名声行善的典型案例。2013 年 5 月，该女星做出了勇敢且真诚的举动，她在《纽约时报》发表专栏，公开声明自己要做乳房切除术的手术。在这篇文章中，她说她的母亲死于癌症，她自己的孩子也害怕她会因同样的病症而去世。她做了乳腺癌基因检测，结果是有 87% 的概率会患乳腺癌，有

50% 的概率会患卵巢癌。于是，她决定做双侧乳房切除术的手术，并将这个决定公之于众，以便其他女性从她的经历中受益。我们可以想象，对社会来说，她做出的这种行为以及她行事的意图极有帮助意义。

2013 年 12 月，发表于《英国医学杂志》(British Medical Journal)上的一项研究显示，该女星的文章发表后，进行乳腺癌基因检测的人激增了 64%。她的专栏文章发表两周内，美国医疗系统在这方面的开支至少达到 1350 万美元。令人欣慰的是，进行乳房切除的人的比例并没有随之升高，这就表明，这些检测并没有导致乳腺癌确诊人数的增加。哈佛大学医学院健康政策教授阿努帕姆·耶拿 (Anupam Jena) 称："从医生的角度来看，当我们担心预防性检测或筛查做得不够时，名人的公开表态是很有帮助的，因为这会让更多的人走进医院……但是，名人的推荐可能会加剧过度使用检测筛查的问题。"

这不是该女星的错，她也想帮助他人，我们只能说，她是没有得到恰当的指导而做出了这件事。她需要听取许多专业人士的意见，如流行病学家、医护专业人士、心理医生和媒体等。后来，她认识到了这一点，在 2015 年发表了一篇后续文章，解释说决定检测和治疗应该根据个人的情况而定。名人是一类有着巨大社会影响力的角色楷模，但为了产生特定的影响作用，名人在公众场合的言行必须经过仔细规划。

除了个人，一些国家的政府偶尔也会利用角色楷模的潜在影响来解决问题。遗憾的是，倘若没有仔细考虑证据和相关的复杂因素，这也会出问题。英国政府就实施了很多干预计划，旨在解决贫困地区的社会问题。这些措施主要针对的是"高危"青少年，遏制他们的行为问题，因为这些问题在他们以后的生活中可能会变得更严重。伦敦大学儿童健康研究教授海伦·罗伯兹 (Helen Roberts) 研究了在没有正确理解研究这些计划的实施意图和证据的情况下，实施这些计划会发生什么的问题。罗伯兹和她的团队进行了一项为期 3 年的研究，发现那些在受心理指导之前因为小罪名而入狱的年轻人，比那些没有接受心理指导的青少年，更可能在实施心理指导后被捕。原因在于，让青少年接受心理辅导更能让人安心，从表面上来看，这些心理辅导是很棒的，但是在实施的过程中，人们并没有了解清楚这些辅导计划实施所需的机制。心理辅导失败最常见的原因是，指导者和被指导者之间的关系破裂了。本书前文已经讨论过，信任对医患关系而言非常重要，如果前来进行诊疗的是有潜在风险的孩子，那就更加重要了。破坏了年轻人对角色楷模的信任，他们可能比刚开始的时候更觉得无望、孤独，遭到排斥。这也反映出镜映是一个非常复杂的系统的关键部分，尤其是在这个发达的世界里。如果角色建模是不加考虑强迫进行的，而不是自然而然地发生，那么，这就会出问题。

社会的力量

虽然有些案例没有产生预期的效果，但也有一些例子表明，虽然产生积极的影响作用并不是角色楷模的主要目标，但角色楷模的确对社会产生了相当积极的影响。例如，1993 年 4 月，印度政府通过了一项宪法修正案，传统上由高种姓男性组成的村委会，将定期举行对所有人开放的选举。另一项极具争议的规定是，1/3 的席位必须留给女性。这会影响近 8 亿人的生活。在该法案通过之前，当地只有 5% 的女性在政府任职，到 2000 年时，这一比例提高到 40% 以上。

这一法案的直接目是增加政坛中女性的人数，多个世纪以来，印度女性一直被排除在基层政界之外。2012 年，发展经济学家洛里·比曼

（Lori Beaman）开始探索这种干预出人意料的作用。比曼感兴趣的是，性别观念的改变能否引导父母和孩子相信，只要她们接受教育并从事社会性工作，女人也可以撑起一片天。比曼认为，只要有角色楷模的直接影响就能做到这一点。但是，一个村民能够改变这代代相传的古老性别观念吗？"女人应该守在家里，男人应该成为村镇的领导者……女人的职责就是烹饪食物，做衣服。"

比曼和她的同事们从一个距加尔各答 200 千米外的一处乡村地区，收集了附近 495 个村庄 8453 位 11 ~ 15 岁女孩的资料。令人惊讶的是，他们发现，受教育人群中完全没有这种性别观念分歧。排除其他因素的影响，比曼也就能够证实，政界女性以及她们"为年轻一辈做出的积极榜样"影响了女孩们，让女孩们有了抱负，也让她们的父母对她们有了期望。

积极的角色楷模不仅为他人做出了行为表率，也为他人做出了观念上的表率。在上述的决定出台之前，印度的父母、孩子从未见过女性从政。他们怎么想象从政的女性究竟是什么样的？女孩们怎么会想到她们也能在社会上占有一席之地，父母们怎么会想到女性也可以做到这一点？这种镜映一旦形成，就会对社会产生非常正面积极的影响。为什么上述的成功女性角色楷模能够发挥这样积极的作用，而前述的那些女明星却不能总是产生积极的作用呢？

最简单的原因就是，我们现在所处的社会允许我们毫不费力地学习。在这里，人们之间的关系早已建立，也有彼此间的联系和信任，我们依赖的社群已经存在，而且人们会经常相互联系，这与我们的大脑进行镜映的条件是一样的。

这并不是说刻意地进行角色建模不会奏效，而是提醒了我们，一旦某些东西超出了自然形成的社会的限制，就应该进行研究。显然心理疏导会奏效，如果是非专业人士干预，那么必须由专家指导。20 世纪初就出现了一个非常成功的心理疏导的故事。

1871 年，欧内斯特·肯特·库尔特（Ernest Kent Coulter）出生于俄亥俄州的哥伦布城，父亲是一位医生。他毕业于俄亥俄州立大学，1893年，他成为当地报社的一名记者，后来又成为《纽约晚报》（*New York Evening Sun*）的助理城市编辑。在纽约当记者时，库尔特非常关注贫困、犯罪、没有父母以及没有接受先进教育的孩子们。他为了做出成绩来帮助贫困人士，于是开始谋求法律方面的职位。1904 年，他在当地的一场集会上发表了这样的讲话，以准备开始行动：

> 为了帮助那些孩子，我们只有一种办法，那就是为他找一个做事诚恳且认真的人自愿当他的哥哥，照顾他，帮他做正确的事；让小家伙感受到，在这个大城市里，至少有一个人关注他，关心他的生死。我需要这样的志愿者。

库尔特本来就知道镜像系统，也知道这些孩子需要与他人建立关系，需要学习他人身上的优秀习惯和品行，从而过上更好的生活。他开办的俱乐部里 40 位成员都志愿来做心理辅导。被库尔特命名为"兄弟"的项目，不仅发展势头良好，而且由于发起者的坚持一直持续至今。

现在，这一项目也是世界上持续时间最长、规模最大的一个项目。与其他重要的规划不一样，这一项目的活动目的、活动方式，以及项目人员付出的努力而得到的结果，都是有证据支持的。

如今，这一项目将许多来自低收入家庭的孩子与 20 ~ 34 岁有大学学历的成年志愿者联系到了一起。首先，项目从志愿者联系孩子的父母或监护人开始；然后，这些志愿者开始调查潜在的角色楷模，旨在确定他们可以为孩子建立积极正面的榜样，确定他们能够去孩子的家里对其进行辅导，确定他们没有犯罪史和其他不良嗜好，从而保证他们不会给孩子造成威胁和风险。

一旦匹配成功，辅导员和孩子至少在 1 年的时间里每月要见面 2 ~ 4 次，并根据孩子的喜好参与不同的活动（如学习、烹饪、做运动等），通常，每次见面相处的时间为 3 ~ 4 小时。第一年里，志愿者每月要与辅导员和孩子及其父母联系，为他们提供支持，帮助他们解决相处过程中出现的任何问题。辅导员应与孩子建立友好的关系，而不能强行改变孩子的行为或个性。在这个项目的实施过程中，发生了许多动人的故事。

例如，11 岁的特雷尔的姨母是这样评价特雷尔的："他就是个'来自黑暗之地'，生命里'缺失了很重要的东西'的孩子。"因此他也成了这一活动中的一员，给他做辅导的是小时候也接受过心理辅导的特伦斯。特雷尔之所以和姨母一起生活，是因为他的父母都因犯罪而被判入狱。他的弟弟在 3 岁时就夭折了，他还有一个哥哥和一个妹妹，不过都没有和他一起生活。基于以上种种原因，他非常难以信任他人、容易恼怒，遇到自认为棘手的状况时，他总是会快速做出自卫式的行为反应。特雷尔的姨父、姨母都想帮帮他，但他们并不看好这个项目。考虑到特雷尔曾经的经历，姨母说，他们最不愿意做的事情就是"把他介绍给一个不可能在本地长期生活的新朋友"。谈及他当时的感受，特雷尔说那时的他也很保守："我成长于那样的家庭，又有过那样的经历，所以我并不太相信其他人。"

特伦斯很热心，为了帮助特雷尔，与他建立了情感关系。特伦斯从不逼迫特雷尔谈论他不想谈论的话题，只是告诉特雷尔，他会一直在他的身边。他们相识一年后，特伦斯回忆起特雷尔第一次向他敞开心扉的情景。那时，他们开车经过一处墓地，特雷尔说："我弟弟在那边，他被埋在那边。"

特雷尔的姨母回忆道："特伦斯来得正是时候，我还没反应过来，就看到特雷尔的眼中重新焕发光彩。"特雷尔说，能够向特伦斯敞开心扉，并将他作为角色楷模，这改变了他的一生。特雷尔现在不像其他同学那样逃课了，他明白自己想要什么，也一直专注于追求自己想要的东西。"我打算以后去上大学，然后进入国民警卫队，再去当牙医。"特雷尔说，他还想"做一个像特伦斯那样的大哥哥，去帮助更多的人"。有了可供效仿的角色楷模，特雷尔也就得到了指导，他知道了自己要变成什么样的人，也知道了从一个与他相似的人那里学习，他的未来会有多么不同。而忙碌的家庭不可能给孩子提供直接学习社交和情感处理技能的机会。

很可能，特伦斯提供的同理心削弱了特雷尔的生活环境对他造成的消极影响。我们已经知道，有研究表明，同理心在类似情况下可以起到减缓消极因素影响的作用。一个能够运用自己的大脑进行同理理解的心理疏导员，不仅能帮助孩子解决问题，还能帮助孩子培养同理心。虽然特雷尔可能并不知道神经运作机制方面的知识，但他却知道神经运作机制产生的实际结果，他说："我告诉你，如果不是我的姨父让我参加了这个项目，认识了特伦斯，那么我会一直效仿那些不值得我效仿的人。"

人们通过随机对照试验，对该项目的影响作用进行了深入的分析。试验研究人员挑选的 1138 位孩子，有 56% 是少数族裔，其中 43% 生活在贫困家庭。这些孩子与心理疏导员匹配 18 个月后，项目组织者对他们的状况重新进行了调查评估，其积极的效果是很显著的。

- 青少年吸毒的可能性降低了 46%，酗酒的可能性降低了 27%，暴力对待他人的可能性降低了 32%；

- 青少年逃学的可能性也大大降低了；

- 青少年的考试成绩有了显著的提高，而且在完成学校作业时也更加自信了；

- 与父母、家人和同伴相处时，青少年对对方的信任度提高了，关系也更好了。

青少年与心理疏导员建立关系还会产生如下的积极作用：

- 认识反对反社会行为、反对使用毒品的社会规范；

- 宣扬积极健康的理念；

- 帮助设定目标，积极面对未来；

- 对学校的观念更加积极，对自己的能力更加自信；

- 改善与同伴们的关系；

- 提高人际沟通、决策、批判思维和自控的能力。

该项目证明了，"正确"使用角色楷模能够对社会产生积极正面的影响。遗憾的是，因为没有证据支持，大部分项目规划也没有"做到最好"，所以也没有奏效。要当角色楷模，需要得到支持，尤其是角色楷模需要"干预"接受者的生活，而不只是培养双方关系的时候。然而，奏效之后，产生的结果是深远的，不仅能减少接受者消极的社会影响，也能够让他们发挥出自己的潜能。这样做对孩子和社会产生的长期影响非常重要。

角色楷模能够对很多人产生积极的影响，尤其是青少年。不能与和自己感受相似或相同的人相处，也不能与他们建立联系，青少年会变得非常脆弱、不自信，对生活没有期望和目标。例如，那些癖好特殊的群体，如果没有积极的角色楷模的影响，就会有健康和行为方面的风险，例如酗酒、做出自我伤害式行为。相反地，有了积极的角色楷模，青少年就能积极、健康地成长，他们就会有情绪恢复能力，建立自我价值观，对未来更加自信。

运动是大众都可以参与的非常好的活动，也能促进积极的社会改变。我年纪不大，可是我根本不记得童年时有哪些堪称楷模的女运动员。令人欣慰的是，如今女性在体育运动中的地位已经发生了变化，如凯利·霍尔姆斯（英国）、艾琳·卡斯伯特（苏格兰足球运动员）、玛丽·帕克，都在体育界占有一席之地。最近，英国的各电视台大肆报道的女足世界杯。BBC 的数据显示，电视观众量达到破纪录的 690 万，但是，2018 年在英国举行的男子足球淘汰赛，电视观众量却高达 2650 万，与此相比，大众对女性比赛的关注度相差甚远。这只是其中的案例之一，正如一名学者所说的那样："在一系列体育报道中，女性的代表性不足和女性边缘化已经得到了充分的证明。"

参加体育运动的女孩比例也比男孩小得多。其中的理由很复杂，最重要的影响在于，虽然我们之前提到了一些女运动员，但是我们缺乏体育行业的榜样女性人物。在澳大利亚、美国、加拿大和英国进行的研究表明，缺乏积极正面的角色楷模是女性参与运动的最重要的阻碍原因之一。另外，澳大利亚的研究还证明，经常接触女运动员能够鼓励少女们参与体育活动和项目。

专门针对这一现象的一项突破性研究，是由澳大利亚维多利亚大学体育与运动科学学院的体育和运动心理学家珍妮特·杨（Janet Young）博士发起的。杨和她的同事们调查了七年级（年龄十一二岁）到十一年级（年龄十五六岁）的女孩们，问她们是否有角色楷模。这里的角色楷模不局限于运动员，任何职业的楷模都包括其中，还问了她们的角色楷模的性别、年龄、从事的职业以及喜欢的运动等，并且记录了这些女孩们参与体育运动的情况。这项调研为期 3 年，结果显示，接受调研的这些女孩中，大多数都称自己有一位女性角色楷模，是运动员，而且年龄都在 50 岁以下。她们提到的最多的还是家人、朋友和体育名人。杨称，这反映出在澳大利亚文化中，体育名人是很受重视的。

关键在于，有体育行业角色楷模的女孩，比没有体育行业角色楷模的女孩更热衷于体育运动。杨的研究不仅强调了女性体育名人与体育活动的关系，也表明家庭成员和同伴对人参与体育活动的影响。这一点确实很重要，而且经过了很多研究的证实——如果父母热衷于体育运动，那么他们的孩子也可能热衷于体育运动。如果你是任何类型的角色楷模，那么，你自己参与体育活动的频率高低也会影响你周围的人选择参与体育活动，尤其是孩子们。

其他人群，尤其是澳大利亚的原住民女性，相比较而言，参与体育活动的比例"低得惊人"。只有 23.3% 的原住民女性参与体育活动，而非原住民女性的参与比例高达 66.7%。原住民中的年轻女子认为，造成这种现象的主要原因之一在于，媒体没有报道过原住民女运动员作为她们的角色楷模。非洲国家也有同样的问题。一项对马拉维、赞比亚和南非的研究对此进行了分析，特别关注"体育楷模"在强调性别问题方面的作用，该研究发现，女性之所以较少地参与运动，有一个共同的缘由，那就是缺少女性运动员作为角色楷模。

虽然主流人群中从事体育行业的女性比例略有提高，但少数族裔还是缺乏有代表性的女运动员。无论体育明星们做出了怎样的行为，孩子们都会敬仰他们，效仿他们。如果体育明星表现优秀且来自少数族裔时，这就打开了不重视体育运动的少数族裔在体育方面的一扇窗口。角色楷模坚定了人们的期待和追求，让人们变得更自信，能够让人们也像他们一样勇敢前行。但是，那些乐于追随角色楷模的人，必须知道自己追随的楷模在哪些方面的作为和态度是自己认同的，并相信自己所追求的目标。

对于任何背景出身的男孩、女孩而言，能够鼓舞人心的体育名人是重要的角色楷模。孩子们会敬仰并镜映他们崇拜的体育明星，效仿他们的行为、价值观念和生活方式。孩子们明白这一点——运动员们是因为在面对阻碍和困难时表现出的努力、决心和韧性而得到奖励的。为了做到最好，他们必须具有随时成长的心态，面对失败、失望、受伤，他们都要振作精神，再来一次。运动员之所以受人尊崇和敬仰，并不是因为他们的长相优于常人，或者像前文里所说的那些在网络上发布了无数的视频资料、有问题的角色楷模一样，运动员有许多积极的特质，我们只会为孩子效仿他们而感到高兴。在这种镜映模式中，虽然双方的距离很远，但这对孩子的成长、性别认同，以及孩子的职业发展都有积极的影响。现在，因为社会的进化，我们与传统意义上重要的角色楷模（祖父母、叔叔、阿姨）的沟通越来越少了，因此，像体育明星这样的角色楷模也就越来越重要了。在孩子成长的过程中，孩子们在媒体上认识的角色楷模不仅地位越来越显著，而且作用也越来越重要了。哥本哈根大学体育社会学教授格特鲁德·菲斯特（Gertrud Pfister）是这样说的。

（体育）角色楷模和偶像刺激人们辨识并模仿他们的行为观念，他们在人的童年和青少年期扮演着重要的角色：他们为孩子提供在他们所属的环境和社会中找到自己出路的方法。大家一致认为，积极的角色楷模和偶像对青少年非常重要，有助于帮助青少年确定自己的认知，加强他们对"群体"的认可，并能够让他们区分"圈内"和"圈外"。

改变观念的机会

上文探讨的都是能够对很多人产生影响的角色楷模，现在我们来看一下对大量少数人群影响最深的企业。无论企业规模大小，在雇员配备和对雇员的期望方面，企业都比整个社会对人的约束更多。但是，同样的问题也存在，企业也缺少角色楷模。商业领域的少数族裔，STEM领域的女性、政界的女性，残障人群，尽管他们在经济上和决策上都能够产生影响，但他们都缺少角色楷模。大家都知道，我们需要保持这些领域的性别平衡，否则依然会出现同样的问题。为了打破恶性循环，我们需要对少数群体进行公开建模，使少数群体不仅能够意识到自己的存在，也能够融入大多数人之中。要镜映他人，人们需要认识和了解镜映的对象，要能够效仿镜映对象的行为。如果你是一位有才识的非洲裔女性，但你从未见过你从事的行业里有其他非洲裔女性代表人物，那么更难效仿什么行为了，你不仅要自己思考应该怎样做，还要让别人相信，你是可以做到的。只有努力，才能打破人们的偏见怪圈，要做到这件事并不容易。

已经这样做过的先驱人物都有强势的个性，能够去冒别人不愿去冒的险。例如，在男性主导的社会中成功的女性，可能要投入大量的时间和精力才能获得这难得的成功，有的人甚至不能生孩子。年轻女性可能会想："我不想镜映她，我不想做出这样的牺牲。"毕竟，我们都倾向于整体地看待事物，而不会分析对我们而言有意义的部分。那么，我们就真的能确保先驱者做出的是真正的变革，而不只是一种反常现象？为了扭转局面，需要大量的人一起努力；我们需要集体性镜映，为不同个性和喜好的女性提供角色楷模。现在，越来越多的女性成为成功的商业人士，包括不同种族、不同身份背景的女性。我们已经看到，对其他女性来说，有这样的角色楷模，她们更容易实现自己的目标和追求。随着时间的流逝，这应该会创造一种良性循环。对任何少数群体来说都一样，只有一位角色楷模是不够的，对大家来说，一群角色楷模才是正常的，也更容易让人镜映。"如果她看不到，那么她就做不到"，这口号被用于一系列旨在创造社会多样化和平等的活动中（当然，主语并不都是女性）。做这些活动的人可能不知道镜像神经元，但他们显然都明白，没有角色楷模供人效仿，单一化和不平等的怪圈不会被打破。

然而，很难创造这么多角色楷模，这并不是一件可以速成的事情，必须付出诸多努力才可能做到。有一位已经接受过这方面挑战，并且自己也成了角色楷模的女士，她就是布伦达·特伦威登（Brenda Trenowden）。2016—2020 年 1 月，布伦达·特伦威登担任 "30% 俱乐部" 的主席，该俱乐部旨在促使 "富时 100" 排行榜上的公司（FTSE）董事会的女董事成员占比至少达到 30%。在任期间，特伦威登鼓励、促进、提醒全球的企业 CEO 们，理解并支持多样化的需求。2019 年 9 月，英国 "富时 100" 排行榜上的所有公司董事会中，女性董事占比达到 30.42%，于是该俱乐部又有了新的目标。这创造了一个持续的正面循环——随着越来越多的女性和少数群体受到关注，她们被效仿的概率也大大提高了。特伦威登就是我和许多人敬仰的角色楷模之一，幸运的是，她也是我的朋友和导师。

角色楷模多样化不仅仅影响了企业的高层管理者，例如，在微软进行的调研显示，随着受教育程度的提高，对 STEM 行业感兴趣的女孩也越来越少。虽然男孩、女孩进入学校之后，老师教授数学的水平差不多，但大多数女孩到了后来都逐渐对数学失去了兴趣。结果，STEM 行业缺乏女性楷模，尤其是工程和计算机科学行业，全球范围内都急需大量这样的楷模人物。世界经济论坛（World Economic Forum）解释了，为何人工智能、机器人和其他新兴科技的快速发展，意味着职业的性质正在迅速发生变化。未来的就业市场在非计算机技能和技术技能之间的区别可能会更大。据预测，由于人类、计算机和演算法之间的新分工，全球将至少产生 1.33 亿个新职位，这要求女性在劳动力市场占据相当大的比例。然而，研究也显示，由于社会经济水平的不断提高，男女性别之间的差距缩小，女性获得 STEM 领域学位的可能性会更小。这被称为"性别平等的悖论"。那么，我们该如何克服这一问题？

微软的调研涉及 12 个欧洲国家，接受调研的对象包括了 11 ~ 30 岁约 12 000 位女性。调研显示，在欧洲，如果有角色楷模的激励，对 STEM 行业感兴趣的女孩和年轻女性的数量平均会增加近一倍。调研结果还显示，只要在一种领域，如化学领域，有一个角色楷模，就能提高女性对所有 STEM 课程领域的兴趣。角色楷模促使女性对自己在 STEM 行业取得成绩的能力拥有更强大的自信，对这些课程有更多的热情，也对追求技术领域的职业更感兴趣。如果她们能够见到在这些领域取得成就的楷模人物，那么她们也能通过镜像系统在这些楷模人物的身上看到自己未来的样子。

在社会上，人们可以用角色建模来处理其他的社会问题，如霸凌。校园霸凌就是这样一种场景，一位暴徒把一名无助的小男孩打倒在地，他的一群狐朋狗友在一旁看热闹。遗憾的是，在职场中，霸凌的现象也很常见。在职场中，文化规范本身通过镜像神经元得以传播，而这比在学校里更容易让人支持并复制霸凌行为。这也是网络世界中一个令人担忧的普遍问题，无论孩子还是成人，都会遇到这些行为。哈佛大学讲师和作家艾米·库迪（Amy Cuddy）就有过这样的经历，她曾被指责大肆宣传自己的研究成果。这些指控是毫无根据的，与事实完全不符。更糟糕的情况是，她甚至遭到过死亡威胁。这种情况很可怕，说这可怕只是一种保守的说法，尤其是受害者还是被公认为是理性的，在心理学领域堪称世界顶尖的专家。如果有人更了解他人的行为习惯，那么就一定是他们了。库迪勇敢地站出来，面对职场上的霸凌者，以及更广泛意义上的霸凌，事实上，她的第二本书《霸凌、旁观者和勇敢者》（*Bullies, Bystanders and Bravehearts*）的主题就是如何面对霸凌。艾米·库迪说，建立这样的角色楷模对于粉碎霸凌势力特别有帮助。无论在线上还是线下，通过介入而不是扮演所谓的"旁观者"角色，角色楷模向其他旁观者展现了一种不一样的行为规范。通过确定自己在做什么，角色楷模的行为变得非常具有说服力，为他人创造了一种可以效仿的模板。这也是角色楷模从微观到宏观产生积极作用的另一个案例，特别是这还涉及互联网。

社会需要有自己的教育规划

关注镜像系统惊人的能力在很多方面都是至关重要的。如果我们任由自己被快节奏的技术世界控制，而忽视了在这个世界上进行社交和情感技能的学习，我们就会像前文中提到的象群一样，遇到所谓的"落入瀑布"的危险，从而失去作为人应该具备的能力。虽然科技知识可以通过文字资料等很轻松地进行代际传播，但是很多文化传播却不是这样的，比如人类行为的微妙性、情感智慧、语言、演讲、创意等。我们冒着越来越孤立自己的风险在生活，并且只是零星地镜映他人的行为观念片段，而没有通过镜像系统全面地进行镜映学习生活经验。据预测，仅仅在英国，由于缺乏因镜映而进行的社交和情感技能学习所造成的损失可能高达 170 亿英镑。

我们已经明白，这会对社会造成怎样的影响，并且心理健康的问题也日益突出。角色楷模的作用让人们认识到心理健康的重要性，却并不能解决问题。我们需要教育感化，而不只是治疗。我们这个世界很复杂（容纳了很多很多人，而我们的大脑最多只能处理 150 人的信息），我们对技术的依赖以及"总是在线"的生活方式都会干扰角色建模和社交及情感处理技能的学习。如果花更多的时间上网，那么我们就没有机会运用我们的镜像系统，与他人的社交联系也就更加脆弱，我们也就更没有机会培养自己的情商，保护我们的心理健康。人们都在努力地获得归属感，这种归属感让我们更依赖科技，并加剧了这个问题，从而对鼓励攻击性行为的网络群体产生了极端的、非社会的想法。认识到这一点，并找机会利用证据避开复杂性和技术问题，我们可以重新燃起学习做人、社交的热情，从而使我们更亲近社会，改善我们的个人生活，提高我们的能力。我们需要重新构建我们的社会，鼓励并促进人们做出亲近社会的行为，从而创造积极的镜映循环。由于职场和社会中人工智能的使用范围越来越广泛，这个问题也越来越重要。这样，我们就越来越需要做人的能力，需要发挥自己的潜能，而不是任由自己被先进的科技淘汰。

除了维持这种自然的镜映模式，我们已经知道，有意识地利用角色建模，在大范围进行角色建模时考虑建模的可行性，这可以产生明显的积极影响。为了更好地利用这一机制，我们需要先进行深思熟虑的考量，然后实施具体的干预措施，并增加自然镜映的机会。做到了这一点，我们才能见到有效的镜映。在已经存在的社会系统中，政府有办法使集体镜映的效果更有影响力。例如，教育工作者需要为教育行业的学习者建立角色楷模，教他们社交和情感处理技能方面的基本知识。他们还需要教授别人怎样做人的知识，而不只是教授课程表上列出的课程内容。如果他们不能发挥自己的潜能，那么他们如何为学生提供发挥潜能的机会呢？

对医护工作者来说，接受不同类型同理心的培养，并为他们提供强大而积极的角色楷模，也会支持他们做出同样的行为。不同职业的人，如体育教练、企业管理者、政界领袖，只要了解了镜映的基本功能，就会受益匪浅，这样镜映也会产生积极的影响。在社会上，这种知识可以帮助父母和亲友以积极正面的方式去影响、感染他人，并对他们的大脑产生积极的影响。父母们花更多的时间面对电子屏幕，也就减少了孩子镜像系统成长的机会。我们使用镜像系统的理由是，我们已进化为高级物种，然而，我们远离了这种机会。我们不会因此变得完美，但懂得了这种镜映知识后，至少能够明白，我们的观念行为是怎样被镜映到他人，尤其是与我们关系最亲近的人的大脑中去的。

体育明星、影星、音乐家、名人、政治家，以及所有地位显赫的人，都会因了解镜映以及他们所肩负的责任而受益。大家都有一种不切实际的想法，认为上述这些人应该都由高级训导师进行指导，才能发扬他们的优点，改正他们的缺点，以积极正面的方式向公众表达他们的价值观。虽然我们本能地"感觉"这些人应该是好的角色楷模,这从与他们相关的报道中就能看得出来,但是他们也是寻常人,也与寻常人一样需要帮助,需要被指导。只有这样,他们才能对自己有更清醒的认知,才能够理解自己的影响力会对他人产生怎样的影响。

对任何人来说,认识到自己有角色楷模的职责是有益的。实际上,角色建模就是与他人共享怎样拥有这种能力的知识,这对人很有帮助。这也给了人们一个机会去培养并发挥自己的潜能,去更好地了解自己,最终让人过上更幸福、更成功的生活,让人的生理和心理上都更健康,并促使人对他人产生积极的影响,创造一个良性的循环。如果你认识到了这一职责,并与他人分享了这一职责的知识,那么,他人也能拥有这种能力去影响更多的人。

Mirror Thinking

第四部分

掌握镜映思维能力的指南

The Unconscious Power
of Role Models

第十一章
你拥有的镜映能力

2011 年 7 月，阿玛尼·辛普森（Amani Simpson）在自己长大的地方——伦敦恩菲尔德的一家夜总会外为一场即将举行的音乐活动派发传单。这时，阿玛尼发现，他的朋友正与一群年轻人就他们偷盗所得的赃物发生争执，冲突升级，阿玛尼立刻出手保护自己的朋友。那一群年轻人一共有 20 个，他们用刀划破了阿玛尼穿的蓬松夹克，将他的外套划烂，他被深深地捅了 7 刀。躺在救护车上时，他甚至怀疑再也无法见到家人了。那时他就承诺，如果他有幸活下来，他就会去帮助其他年轻人，让他们不要走上暴力犯罪的道路。

阿玛尼制作了一个短片，记录了受袭期间他脑海里的想法，那时他非常急切地寻找自己行为的意义，质疑自己的信仰。现在，他生活的使命就是与学龄儿童分享自己的体验和经历。在一次接受《卫报》采访时，他说：

我相信积极正面的角色楷模，我相信我们需要有更多 BAME（非洲裔、亚洲裔和少数族裔）领袖人物。上学的时候，没有人理解我的这种想法。你需要得到认同，这也是我去中小学鼓励孩子们的原因，因为我能够告诉他们，我和他们感同身受，我知道他们的感受。

角色楷模并不是指受过苦难的人、敢于反抗刻板印象的人，或者传统意义上的领袖人物。我们都是彼此的角色楷模，我们也都能学着变得更好。这听起来可能令人望而却步，你可能会认为，你根本不够格做别人的角色楷模。即便是来我这里咨询的高层领导者，他们也常常难以将自己视为角色楷模，尽管他们知道别人对他们有这种期望。无论我们在生活中扮演什么角色，我们也是如此，我们都是别人的角色楷模，只不过我们难以认识并接受这一点。

为什么要成为角色楷模

成为角色楷模对双方都很有好处。一项旨在在马拉维、赞比亚和南非促进解决女性权利和性别问题的角色楷模研究表明，受益的不仅是接受角色楷模的人，而且"权益互惠"提高了角色楷模自身得到的好处。给予他人、与他人共享是我们为人处世的一部分，对我们的心理和社交都很有益处。

人们越来越认识到，包括角色建模在内的亲近社会行为，可以提高全社会人的心理健康度和幸福程度。有足够的证据表明，关心他人比不断关注自己能让我们更幸福。美国成长心理学家凯瑟琳·纳尔逊（Katherine Nelson），在《情感》（Emotion）杂志上发表了一份研究报告，对比了亲近社会行为和以自我为中心的行为在 6 周的时间里对人的积极情绪和幸福感的促进作用。这项研究是在 2015 年进行的，受调查研究的对象有 472 人，该研究发现，有亲近社会行为习惯的人显然比只关注自我的人心理更加健康，也就是说，人的情绪情感更稳定、健康，对生活满意程度更高，与他人的关系更好，社会的认可度和接受度更高，而且生活更有目标和期许。

俄亥俄州大学社会心理学教授詹妮弗·克罗克（Jennifer Crocker）在 2017 年进行的一项调研也得出了类似的结果。克罗克称，作为人，我们"本能地"会根据自己的生存状况关注自己和他人。从进化的角度而言，在逃离捕食者时，我们对自身的关注起了作用，不过从物种层面来说，生存意味着相互依赖，生活在合作化的群体中，我们帮助彼此，就能保障安全。她说，从某种程度上而言，我们都被灌输了这样的观念："给予他人，可能会收获回报，但显然我们要先付出；虽然自私能带给我们直接的利益，但可能需要付出巨大的代价。换句话说，人类应该在心理上倾向于从付出耗费的代价中寻找利益的平衡。"

克罗克的话表明，日常生活中，在大多数情况下，我们都会关注有助于我们的心理健康和身体健康、有益于我们人际关系质量的事情。她认为，促使这种情况发生的机制包括：积极的影响（也就是说更积极的态度）、自信度增加、与他人的关系更紧密、更有目标性。

马萨诸塞大学阿莫斯特分校心理与脑科学名誉教授苏珊·惠特伯恩（Susan Whitbourne）证明，改善他人的生活能够体现人的自我价值。她探索了中年人生活的幸福程度，发现无论他们从事什么工作，关心年轻人、帮助他们克服生活中的种种问题和阻碍的人，他们的生活最为充实。也就是说，以某种方式为他人进行角色建模的人，幸福程度最高。即便是志愿进行角色建模也能提高人的幸福感，人对自己的评价会更好，对生活的满意度会提高，死亡率会降低，人的抑郁症状也会减轻。

此外，在工作环境中成为他人的角色楷模还会给你带来如下好处：

- 提供了让你反思自己的行为模式的机会，提高行为表现的效率，增强自我认知；

- 增强对工作的满意度；

- 提高情商和人际关系处理技能；

- 提高同事、下属和上司对你的认可度；

- 让你分享你自己的学识和体验经历；

- 让你从社会层面和政治层面了解你周围的环境，并学会以不同的观点看待事物；

- 培养你帮助他人的能力（这是有助于促进升职，提高对工作满意程度的一项基本技能）；

- 让你更了解怎样鼓舞他人，提高你的领导能力。

在做角色建模时，仅仅是增强自我认知、与他人建立人际关系、建立信任度、阐述自己价值观的过程，就能够带来更多积极的效果，也就是说，这很值得你去做。

角色楷模的 3 种类型

你可以用以下 3 种类型的角色建模：个人化角色建模、情境化角色建模和理想化角色建模。这些楷模人物分类情况如表 11-1 所示。

表 11-1 角色楷模人物分类表

角色楷模		
	个人化角色楷模	情境化角色楷模	理想化角色楷模

	个人化角色楷模	情境化角色楷模	理想化角色楷模
包括的人物	父母 兄弟姐妹 亲人 朋友	亲人 老师 体育教练 朋友 同事 上司 职业医护人员 青年工人 教会工作人员	名人 电视人 社交媒体影响者 影星 政治家 领袖人物 运动员 其他重要人物
可能还包括	老师 体育教练 同事 上司 青年工人 教会成员		虚拟角色
关系紧密度	高	中等	低
关系维持期	长期	可变	可变
互惠性	双边互惠	有限的互惠	单方面

注：改编自麦卡勒姆＆贝尔曼（2002）和迈耶（2013）。

如何做好角色楷模

研究显示，无论个人化、情境化还是理想化的角色楷模，都需要一定的帮助指导。如果无法接受专业的培训，那么下文的建议也可以引导你做好角色楷模。学习角色建模技巧的最佳方式之一，就是找到一个个人的或理想化的角色楷模，这个人具有你所想培养的各种特质。

切记，角色楷模需要做的和不能做的一样多。例如，如果不想孩子骂人，那么你就不能当着孩子的面咒骂他人；如果你认为别人不应该效仿吸烟这种行为，那么你就不能吸烟。如果你是理想化的角色楷模，这一点就相当重要。想一想，你想给他人，尤其是孩子建立怎样的楷模形象——无论你喜不喜欢，这都是你作为社会中一分子的一部分。你的私人生活是你自己的，你想做什么就能做什么，但当你处于公众视线中时，你必须认识到你的行为观念向他人传达的信息。

个人化的角色楷模

个人化角色建模就是需要通过相互联系、接触，相互信任、同情共理，建立牢固、高质量的关系。你可能想成为与你有明确关系的人的个人化角色楷模，或者是想要一段无须贴上其他标签的关系，例如，如果你是孩子的叔叔、阿姨，你就只想成为孩子的角色楷模。高管培训中的一些内容对这种关系很有帮助，具体细节我们将在下文探讨。

除了基本的内容，对于如何做好角色楷模的信息，我们在第十章中已经探讨过了。

首先，你需要了解自己的行为动机。你需要谨慎小心，你并不是想要控制他人的人生。你做出的行为不应该是为了享受地位带给你的优越感，更不是为了让自己看起来正派得体，你的动机是真心想要有所作为。良好的角色建模是为了追求意义和成果，比如你想要帮助别人学习、成长，让他们对自己有自信，帮助他们发掘自己的潜能。

其次，你准备好承担责任了吗？角色建模，虽然随时都在自然发生，却也是一种责任，尤其是你有意识地进行角色建模时。竭尽所能做好榜样，意味着你要有清晰的自我认知，而且需要有回馈。哪种方式有效，哪种方式无效，都请保持开放的心态。为了帮助以你为榜样的人，你要准备好坦承你犯过的错误、经历过的阻碍与挫折等生活体验。

信任和情感关系

信任和情感对任何个人化角色建模关系都很重要，是这种关系的基石。在某些情况下，成为角色楷模不是人选择而得的结果。例如，作为父母，你对你的孩子有一种与生俱来的信任和情感，花时间有意识地培养彼此的信任和情感仍然能够提高你们之间关系的质量。

从另一个角度来说，如果你成为一个你不认识的人，或者一个与你出身背景及人际关系完全不同的人的个人化角色楷模，那么你们之间就需要建立信任和情感关系。这可能需要花时间耐心地去做，但要想对别人产生积极的影响，这也是必要条件。你必须踏踏实实兑现你做出过的任何承诺；如果你让他人伤心、失望，尤其是在他们需要的时候让他人伤心、失望，那么对方很快就不会再信任你了。

动机

如上所述，有意识地主动关注以你为角色楷模的人的目标，而不是你自己的目标，这一点很重要。我在教授他人的时候也必须进行自我审视——我想要的或者我认为最好的，不一定适合接受辅导者。例如，我可能认为，某人应该应聘一个更高的职位，但当我深入地了解他的情况时发现，他很难把握工作和生活的平衡，而这可能会对他的家庭造成消极的影响。然而，将我的想法观念代入他人的状况就做错了，不仅如此，我可能会无意中说服他们去做一些不符合他们需求的事情。以开放的心态探索以你为榜样的人的渴望和抱负是相当重要的。你探索的东西应当最符合他们的利益，而不是最符合你认为对他们来说最好的利益。

情感联系、信任、接触度和责任感——良好的角色建模需要情商

情商或我所说的情感智慧，无论你在生活中扮演什么样的角色，这都是一种很有用的技巧，尤其对角色建模有益。情商更高，你就更能有效地控制自己的情绪情感，与他人的沟通交流会更顺利、更成功、更有意义，更能控制混乱的情绪和情感，缓和冲突。情商高能让你更好地应对压力和焦虑，让你能够做出更明晰的判断，你也就更能够帮助以你为榜样的人高效达成他们想要的目标。

在进行角色建模时，情商也是双方建立情感和信任的关键基础之一，而且，你与他人的认知同理也是以情商为基础的。

所有的人际关系都是以我们的情感为基础的，因此，为了对人际关系产生积极的影响，与他人建立关系和信任时，我们必须控制好自己的情绪和情感。重要的是，我们要认识到情绪和情感对我们的影响，并且理解他人的情绪和情感反应，这样我们才能做出适当的应对。例如，如果我们说了让他人焦虑、烦恼的话，我们是该继续保持之前的话题，直接说明我们的想法，还是转换成其他话题的内容呢？哪些话题能够保证你们的对话能够产生最有益的成效？

心理学家丹尼尔·戈尔曼提出了"情商"的概念，他将情商分为 4 个组成部分，并对这些部分的定义内容进行了如下修改，以满足角色建模的需要：

- **自我认知**——认识自己的情绪，并理解它们是怎样影响你的思想和行为的。

- **有意识的角色建模和自我管控**——认识到你作为角色楷模时的

行为，以及你的行为产生的影响力。能够以一种对你和他人有益的方式控制突发性的感受和行为。

- **同理心**——能够留意到情绪涌动的暗号，并做出适当的反应。正如我们之前所述的那样，这能够促使我们产生情感同情和认知同理。在足够理想的情况下，把握好情感同情和认知同理的度，能够让你理解他人的感受和想法，但不会陷入他人的情感和思想中无法自拔。

- **信任**——与他人高效沟通的能力，熟练地利用你的社交技巧创造你想要长期维持的人际关系。

这些听起来可能是你并未掌握的技能，也是我称之为"情感智慧"的原因所在。因为研究显示，这些技能都能够通过培养而掌握。通过培养，我们能够变得更擅长这些技能，而不是"智商"（intelligence）所包括的含义。如果你想要了解更多关于情感智慧的内容，那么我的上一本书《定义你》（*Defining You*）向你介绍了培养这些技能的方法。而在本书中，我给上述的内容做了如下的详细定义。

自我认知

这是后面的3项成立的关键所在。有自我认知，意味着了解你自己，清楚自己的个性，也明白自己的个性会怎样影响其他人，会让你知道自己的长处和短处，了解自己的情感倾向和价值观，即让你知道你在哪些方面、哪些时候需要帮助，让你从你所犯的错误中汲取经验教训，明确你需要改善和提高的是什么。认识自我需要不断地、有意识地进行努力和协调，这是因为我们的人际关系、身边的世界，以及我们在世界中扮演的角色也在不断地进化和改变。

有意识的角色建模和自我管控

从神经学的角度而言，这就是要加强你大脑中更高级的观察探索区与更原始化的应激反应区之间的联系。即便人到了成年初显期（18 ~ 29 岁），（大脑观察探索区）前额叶和大脑的情绪情感中心之间的联系也在巩固增强。前额叶就是主管情绪情感的"管理区"，这两个部分的联系越紧密，你就越能够控制你的情绪情感和冲动行为。学着后退一步，辨识你的情绪情感，不被它们左右而冲昏头脑，这样做并不容易，需要花费时间去学习。你在我的书《定义你》和拉斯·哈里斯（Russ Harris）的《幸福陷阱》（*Happiness Trap*）中都能了解更多的相关知识，因为这两本书里介绍了一些非常有用的技巧。你还可以通过有意识地辨识情绪，通过反思提高自己的技巧。

至于成为角色建模，并与效仿你的人建立关系，你需要控制住大脑的应激反应区，控制住突然爆发的情绪，让你在与对方相处时保持清醒。与他人沟通交流时，我们大脑的应激反应区会产生许多想法和情绪。例如，我们会马上决定接下来要怎么说，有时会决定中断交流，以便不让自己忘记刚刚想到的东西，有时又跳转到对方所说的话题，并判断对方是什么样的人，决定自己晚餐吃什么，猜测别人的衬衫是哪个品牌等。虽然控制情绪是非常难的一件事，但重要的是要辨识这些想法和情绪，而不是任由这些想法和情绪掌控你，控制你大脑的应激反应区的本能反应，给效仿你的人时间，让他们以恰当的方式表达自己的看法。这样做，你不仅可以培养自我管控的能力，还可以用这种能力去处理其他问题。

同理心

能够管控自己，也激发出了另一种情感智慧，即使用情感同情和认知同理的方法。我们天生的同情和同理心，让我们推己及人，理解他人的感受。我们认为，在大脑机制和对我们的自身发展作用方面，认知同理比情感同情更高级，认知同理是一种让我们不沉溺于本能反应，从更理性的角度看待事物、处理问题，而不是以冲动性的情绪为准。如果你想要了解更多关于这方面的信息，请回顾前文介绍同理心的相关章节。

作为个人化的角色楷模，你既需要使用情感同情，也需要使用认知同理。想要真正地理解效仿你的人，设身处地地为对方着想，就需要有情感同情心，然而，你还需要抽离那种情感，以防它对你的心理健康和幸福造成消极影响。用同理心去倾听，与他人真正地建立情感和关系，同时保持清醒的自我认知，这些都有助于你与他人建立信任。

信任

建立信任需要前述的所有因素，我们需要真正掌控自己的情绪、认知和想法，以便了解他人的情绪、认知和想法；同时，这也是贯彻执行对他人和自己的承诺。如果效仿你的人脆弱不堪，信任就会显得尤为重要。中途放弃，不贯彻执行，会让效仿你的人境况更糟糕。虽然在有些人情商较低的情况下，对其进行有效的角色建模更具挑战性，但你还是应该尝试，因为双方的关系会帮助你培养相关的技能。关注并感知自己的情绪和情感反应，辨识他人的情感反应，都为你的镜映系统的发育、成熟提供了空间。每一次重复性的沟通交流都能提高你的社交和情感处理技能。通过追求利他性的目标，向他人表达自己真诚的关心，去真正理解他人，而不是去批评他人，你既能提高自己的情感智慧，也能提高你作为角色楷模的能力。此外，保持耐心，让效仿你的人逐渐敞开心扉，能够让对方建立对你的信任，是让你的角色建模真正发挥作用的必要条件。

责任感

你有责任继续这样做，而不是只做一次就收手，要继续保持与效仿你的人联系，继续接触对方，帮助对方解决问题，你必须认识到你在给他人树立怎样的榜样形象。你还要确保自己"言行一致"，这并不是说你要完美无瑕，"言行一致"意味着你需要向对方展现自己的弱项或缺点，让对方看到你的失败之处。这不仅能让你与他人建立更真诚的关系，还能让效仿你的人明白，人是可以犯错的。这能让他们明白怎样应对和处理错误，怎样避免再次犯同样的错。一位参与过社会调查项目的心理辅导员辛瑞克曾告知效仿他的人自己曾在什么情况下犯过怎样的错，并教导他们怎样避免犯和他一样的错。

辛瑞克说："他知道了我处在他所处的境况时犯的错误，他考虑该怎样处理他生活中遇到的问题时，就会想到我是怎样做的（或者我没有怎样做）。"

事实上，你这样做就是给效仿你的人一个机会，让他们来反向效仿你的行为和思维方式。你引起了他们的关注，因此他们的镜像神经元也开始关注特定的事件，为镜映和反向镜映提供机会。

疏导重点

如果你熟悉心理疏导，你就能明白，要进行有效的疏导，必须遵循一定的步骤。有效的疏导既包括指令性的要求，也包括更方便的、非指令性的疏导，个人化的角色楷模与效仿者之间的沟通交流也需要这两个方面。只有双方之间建立了感情联系和信任，非指导性的疏导才能完成，而这些又与指令性的要求完全相矛盾，通常就是讲述告知。

例如，一位家长正赶着帮助孩子完成关于水循环系统的地理作业，因为上午要提交。他们已经上学迟到了，真的需要尽快完成作业，在这种情况下，因为时限压力，家长会直接给出问题的答案，而不会用间接的指引法引导孩子思考。直接告诉他们答案——"蒸发需要在这个箱子里进行，沉淀应该在这个箱子里进行"，这是最容易做的。然而，如果他们有时间，例如周末辅导孩子时，他们就会用一种间接且公开的方式，询问孩子他们学过的关于水循环的知识，会问他们是否记得水循环的步骤，这些步骤是如何生效的，为什么会生效等。

感觉压力重重或有时间紧迫感的商业高管或政治家，通常会直接告诉他人应该做什么。如果他们有时间或者更擅长疏导，他们就会提问，引导下属自己找到问题的答案。经验丰富的领导者会将两种方式结合使用，经验丰富的角色楷模也是如此，他们总是倾向于引导而不是直接告知。直接告知不会建立信任和情感关系，也不会得到他人的认同，鼓舞人心的作用也会减弱很多。想象一下，有人命令你去做什么事，你会觉得没有被尊重，除非你是真的需要指导和建议，否则你根本不想听别人的指令（见图 11-1）。

直接方式/告知   非直接方式/不评判好坏

图 11-1　角色建模全过程

注：改编自迈尔斯·唐尼（Myles Downey）的疏导过程。

调研显示，最有效、持续时间最久的角色楷模关系是以非直接的方式进行疏导沟通的，相反地，以直接方式告知的这种关系最有可能破裂。研究显示，当人们用直接告知的方式进行角色建模时，他们总认为，是要他们"纠正"效仿他们的人、要帮助对方改正错误，或者让对方按照他们认为积极的行为观念和态度行事。角色楷模未让效仿者进行决策就自行设定了目标，实际上，这就决定了双方关系的节奏。在这种指令性的情况下，角色楷模不愿意调整他们对效仿者的期望，或者不愿意相信效仿者可以按照效仿者自己的节奏改变行为，而这就导致角色楷模与效仿者之间关系的破裂。

与学校里的老师、职场上的高管一样，带孩子的家长或任何试图想帮助孩子的人，都想要找到与孩子建立信任的办法。但是，我们的大脑和行为却不是那样运作的，我们不能将自己或他人当作问题去"解决"。例如，一个运动量不够的人，你只简单地告诉他要运动是不管用的，能够帮到他们的最有效的方法是，要让他们了解他们不运动的根本原因：他们为什么不喜欢运动；在运动方面，他们过去有过怎样的经历，他们喜欢什么运动，不喜欢什么运动；当他们运动时，他们有什么感受等。了解了这些问题，会让人自己找到解决不运动的问题的办法，这不仅具有启发性，而且让人有想要运动的动机。

然而，在某些情况下，人们可能需要更多重要的帮助来设定目标。例如，教授他人运动时，在技巧方面的指导和介入使用的训练方式是必要的。同样的道理也适用于某些职场环境。例如，在给商业人士做疏导时，我经常会倾听他们的故事和经历，并就此提出问题，但我也会根据与其他商业人士进行诊疗咨询时的经验，从心理医生的角度提出我的建议和意见。我可能会说："我认为，你被同事们的想法左右了，你想要满足他们的期待，而不是做你认为对的事情。为什么不在下次公司会议上以一种不同的方式表达你的观点呢？"然后，我会用非直接的方式去问他们："那样做怎么样？"

做个人化的角色楷模时，可能有时效仿你的人会向你咨询建议和意见，而如果你不告诉他们答案，他们就会恼怒。这时，你就需要确定，用更直接的方式告知他们能不能帮到他们。除非是教授运动技巧或是需要做决策的情况，否则我们用非直接的方式更合适，更能够帮助他们找到他们想要的答案。

接触度

做个人化的角色建模，除了有自然接触的关系，如父母与孩子，我们还需要确保双方是可以相互接触的，而且彼此的关系稳定。如果你的心意不够真诚，那么你就无法感染对方，就会让对方失望。你必须长期坚持，平易近人（但要有明确的界限），要有足够的耐心巩固你与效仿你的人之间的关系，让这段关系平稳发展。你可能觉得你的方法没有发挥作用，也可能觉得你并没有对效仿你的人直接产生积极的影响，但是建立信任是需要时间的，而行为习惯的学习也需要不断参悟不同的态度和观念。研究显示，最有效的角色建模关系会随着时间的流逝自然发展成熟。如果你是在疏导年轻人或是有情感问题的人，这一点尤为重要。与某人保持持久的关系不仅能建立双方的信任，也能让效仿者有了自尊和自信。这让效仿者觉得值得，他们也能够去探索自己的人生目标。如果中止这种关系，就会对效仿者更加不利，会让他们比不接受疏导更加糟糕。

情境化的角色楷模

情境化的角色楷模更难以与效仿者建立信任和情感关系，主要是因为双方的接触度不够。如果是医护人员，他们必须快速投入工作，在这种情况下，医护工作者就要快速与患者建立关系并展现同理心。例如，职业的医护工作者应对患者的行为做出回应，将患者说的话放在心里，以便缓解他们的紧张感。也可以说，职业医护人员向患者及他们的亲属进行角色建模，向他们表达尊重、关心，并希望患者出院后也能借鉴这样的方式去对待其他需要帮助的人。在这些人际关系中，信任从某种程度上来说是固有的，而且是出于职业习惯的考虑而出现的。然而，只要医护人员说一句不当的话，这种信任很快就会被打破。对情境化的角色楷模来说，最关键的是要明白，在接触度不高的情况下，怎样与效仿者快速建立情感关系和信任，这需要高水平的认知同理心才能做到。其他的相关因素请参考个人化的角色楷模的部分。

理想化的角色楷模

理想化的角色楷模，如体育明星、音乐家、演员或是像马丁·路德·金一样的政治领袖，影响了成千上万个他们个人无法认识和了解的人。但是，他们与这些人的情感联系更为有效，因为他们能够理解他们的粉丝或追随者，对后者有同理心。在马丁·路德·金的时代，他的追随者几乎只能通过电视和广播认识、了解他，如今我们有了许多电子平台，在这些平台上，理想化的角色楷模可以传播他们的信息——无论社交媒体、博客，还是网络，传播信息的途径多种多样。

如果你是理想化的角色楷模，演讲是奠定与你的粉丝积极关系的最佳途径。想一想，即便到了今天，只要读到马丁·路德·金的演说稿，就能激发出我们的想象力，去想象他描述的画面，体验他内心的情感；读美国非洲裔作家、诗人玛雅·安吉罗（Maya Angelou）的诗，也能感受到他是如何将我们带入另一个世界的。给效仿者演讲的内容不用太复杂，例如网上 TED 视频中的故事，讲述时间约为 15 分钟。

正如之前讨论过的那样，我们通过镜像系统感知别人所说的。想到自己要用这样的方式向他人传达信息，你会觉得紧张，我们本不应该有这种感觉的，毕竟，这是一种最自然的沟通方式。你自己甚至都没有意识到，你每天其实都是这样做的，例如，和朋友说说你是怎么过周末的或是怎样度假的。

我们都在学着怎样进行更高效的沟通。研究显示，我们倾向于认为我们的沟通技巧比实际情况要更好。我经常对向我咨询、诊疗的领导者说，这是一个很容易识别个人能力的领域，因为它适用于所有人——无论你有多么优秀，沟通能力变强，能让你变得更好。这是一种通过更深入的情感联系帮助你进行角色建模的技能。它还能在更多的方面帮助我们，例如，帮助我们在职场或个人辩论赛上更清晰地表达自己的观点，提高我们与青春期的孩子以及我们的伴侣沟通的能力，减少争吵，加深我们与他人的感情，解释我们刚刚产生的新想法，让他人明白，并为此感到兴奋。出于多种理由，我们值得投入时间去考虑该怎样变成更好的沟通者，当然还有如何讲好故事。以下是一些提高沟通能力的技巧，尤其是讲故事的技巧。

开个好头

J. D. 施拉姆（J. D. Schramm）是斯坦福大学商学院专攻沟通技巧的组织行为学讲师。说到讲故事，施拉姆说最好直接开始叙述，不要加序言。他指出，讲故事者会直接用讲述情节来吸引听众的注意力。实际上，这就调动了镜像神经元系统，内容不一定是复杂的，只要看看童书就能明白需要怎么做了。例如，童书作家茱莉亚·唐纳森（Julia Donaldson）的获奖作品《咕噜牛》（*Gruffalo*）是这样开头的："叽布叽布，一只小老鼠在森林深处溜达。不巧的是，它被一只狐狸看到了，狐狸馋得直流口水，因为老鼠看起来很肥美、很好吃的样子。"

用这样两句话，唐纳森就吸引了读者的注意。一只老鼠独自在幽深的森林里忙碌，然后，一位捕食者发现了它，很快，我们就会替老鼠产生危机感。作者精心挑选的词语以一种清晰、简单的方式把我们带入了故事之中。

好好结尾

我们的大脑更容易接收结构分明的内容，简单、清楚的东西更容易被我们记住并理解。但这并不是说，我们不能在叙述故事的时候为故事增添色彩，我们可以增加内容和情感深度，在开始和结束的时候对文辞进行精雕细琢的处理会为整个故事增色不少，这决定了这个故事是不是会被人们记住。还是以《咕噜牛》为例来说明，这个故事最后的两句就证实了上述的说法："幽深的森林里一片寂静。老鼠找到了一枚坚果，看上去很美味。"我们不用细读整个故事就知道，最终老鼠安然无恙。尽管森林仍然"幽深"，但是一片安宁，给人一种祥和感。唐纳森带领我们远离了危险，让我们回归到日常生活中——老鼠找到了一枚坚果，这就让人心情放松了。老鼠不再是捕食者的猎物，而是自己找到了食物。我们甚至不用去看整篇故事的内容，仅仅开头的两句和结尾的两句，就给我们留下了深刻的印象，我们可以自己去想象其中的故事情节。

刺激镜像神经元——故事情节

类比、比喻和形象化描述等手法让你像讲上个周末的经历一样讲故事而正是你与史上最伟大的演说家一样演讲的区别。我们已经讨论过，类比、比喻和形象化的描述是如何刺激主观感受的镜像神经元的，如视觉、听觉、嗅觉、味觉和触觉。结果就是，因为讲故事的时候会刺激讲述者大脑内不同的感官神经元，同时也会刺激听者大脑内更多的神经元组织，所以听者对讲述者讲述的信息有了自己的理解和认知。对听者来说，这比简单地告诉他们一些事情更有吸引力，更能激发出他们的兴趣。

诗歌也是一种这样的文学形式。施拉姆称，诗歌使用的词语更少，但含义更丰富。此外，朗诵诗歌时，我们会为了强调某些含义而特意停顿。同样地，乐曲中的中止符与乐曲本身一样重要，故事的节奏、情节及讲述时的停顿也有同样的意义。没有用长篇大论的叙述，就让我们的大脑接收到了更多的内容意义。例如，如下的诗句：

我想要记住你，

与此同时，

放你自由。

作家、诗人娜依拉·瓦希德（Nayyirah Waheed）的这首诗，名为
《挽歌》（*Mourn*），她用寥寥数语激起了读者的思绪。这让我想起了父
亲故去时的情景，当时，我急切地想要保留关于他的记忆，不想让他的
形象从我的生活中完全消散；与此同时，我还要努力继续生活，摆脱悲
伤，这是非常感性化的，很快让我认识到了自己的体验和经历。你的体
验和经历可能与我完全不一样。其他人读到这一段，可能会想到曾经相
恋却又分手的恋人，或是某个让他们心烦的人。我们很容易就能理解这
种体验，并加上我们自己的经验理解，这种经历叙述很有感染力。

在进行谈判和演说时，类比、比喻和形象化描述可以有不同的表达
方式。例如，J. K. 罗琳在哈佛大学演讲时说："埋怨父母把你引向错误
的方向，这种埋怨是有时限的，当你成长到可以自己掌控方向的时候，
这个责任就该你自己负了。"

马丁·路德·金的比喻是另一个例子："我们不要为了满足对自由
的渴望而抱着敌对和仇恨之杯痛饮。"

玛雅·安吉罗在自传作品《我知道笼中鸟为何歌唱》（*I Know Why
the Caged Bird Sings*）中，用了这样的形象化语言："……但这遮不住我
瘦骨嶙峋的腿，我的腿上涂了蓝海豹牌凡士林，撒上了阿肯色州的红黏
土。柔和的色调让我的皮肤看起来像泥土一样肮脏，教堂里的所有人都
盯着我的腿看。"这一段引文描述了安吉罗在美国南部的生活，她从小
就遭受种族歧视和虐待。她说，在那段生活中，她觉得自己的社会地位
很卑微，并且毫无价值。不用读完整个故事，我们就很容易想象那种场
景，想象她的样子、她的感受，想象她是怎样去教堂的，等等。重点在

于，这些短句比平常的记录更重要，表达的含义更突出。用类比、比喻、形象化的描述等修辞方式，以及诗歌，会让你讲述的故事产生非同一般的影响力。

少即是多——唐纳森的故事引文显然证明了这一点。我们很难用寥寥数语表达更丰富、更深切的含义，但是用了之后的效果非常好。当你构思你该怎样与人沟通的时候，有必要仔细考虑剔除不重要的内容以及与主题故事无关的"部分"。如果听者能够将不同的故事内容都联系起来，故事传递的信息就更有说服力。这让听者的大脑有机会模拟故事情节，推断后续的发展，听者听得会更投入。

情感联系——社会心理学家布琳·布朗（Brené Brown）很擅长讲故事，她也研究人际关系、同理心和归属感。2010 年 6 月，在休斯敦的 TEDx[①] 活动中，布朗发表了一篇知名的演说，该演说的文字记录阅读量达百万以上。在文字记录中，她复述了演说的内容，还说她要去看心理治疗师，因为在研究人的脆弱性时，她发现自己也有这方面的问题。布琳的说话方式很有意思，这有助于软化其中的情感信息，让听众更容易接收这些信息。她继续解释了接受自己的脆弱，而不掩饰自己的脆弱是如何让她更高效地与他人产生情感联系的。

分享个人感受，展现自己脆弱的一面，唤醒我们的同理心，都要依靠镜像神经元，它让角色楷模与追随者或粉丝联系起来，并建立信任。但是，作为理想化角色楷模，不会真正见到自己的粉丝和追随者。布琳·布朗借助 TEDx 的记录，与 4400 万人分享了自己脆弱的一面，无

---

① TED 指的是技术、娱乐和设计，TEDx 则是 TED 于 2009 年推出的一个项目，旨在鼓励各地的 TED 粉丝自发组织 TED 风格的活动。

疑，在接下来的数年里，这个数据还会不断增加。

内容和听众

整个故事需要以听众和你试图传达的信息为框架。你想表达什么，想告诉谁？他们对什么感兴趣，什么内容能调动他们的积极性，什么内容令他们感到害怕和兴奋？例如，1940 年 6 月 4 日，丘吉尔发表演说，将英国定义为"我们的岛屿"："我们将护卫我们的岛屿，无论付出什么代价；我们将在海滩上作战，我们将在敌人的登陆点作战，我们将在田间、街头作战，我们将在山里作战，我们决不投降。"

丘吉尔强调了无论付出什么代价都要继续战斗的重要性，让人们联合起来对抗入侵者，激发出听众心中更感性的原始驱动力。

在这里，向你介绍一些更高效沟通和提升讲故事能力的方法。

观看他人发表演说的视频——这能刺激你的镜像神经元，有助于你的学习，尤其是如果你知道自己在效仿什么，也明白自己想要反向镜映什么时。

通读史上伟大演说的文本资料——这也会刺激你的镜像神经元。

读各种不同的书，摘录能引发你产生共鸣的内容——它们为何能让你产生共鸣？这些内容讲述的是什么意思，又是如何表达出来的？

在心中浏览并理解故事的内容——用你的镜像神经元去组织你想要说的话。

对着镜子表达——反复思考并修正你想要传达的信息，强调你想要表达的重点，剔除或修改你不想说的内容。

成为有抱负的理想化角色楷模所需的所有要素，和成为个人化角色楷模所需的因素是相同的，一对一的互动除外。作为理想化的角色楷模，你需要明白你做角色建模的动机、你的价值观念和行事目的，确保有足够的自我认知。一旦成为角色楷模，你就要开始发挥巨大的影响力，你必须为此承担责任。这个责任通常是由角色楷模偶然性地承担的，正如篮球明星查尔斯·巴克利说的那样："我不是角色楷模。我投篮投中了，并不意味着我就要替你教养孩子。"可能这并不是去养育孩子，但是成功也会赋予人责任。要记住，无论你是否有这个意图，你的每一次行为都在影响他人。如果你有意识地控制自己的行为，就会产生更加积极的效果。

有证据表明，角色楷模做出的亲近社会的行为，即便没有直接作用于接受亲近社会行为的人，也会增加他们的幸福感，因此，角色楷模承担的责任不仅对角色楷模有益，也对其他人有益。想一想，你怎么才能用角色建模继续学着像一个真正的人一样成长、学习，能够真正对受你影响的人发挥积极的作用。

本章探索的是如何做好一名角色楷模，无论个人化的、情境化的还是理想化的。即便是角色楷模，你也需要有人给予指导和帮助，第十二章将讲述这些内容。

第十二章
选择你的角色楷模

　　本章我们将了解你为什么会需要角色楷模，你会选择谁来做角色楷模，他们有什么优点，以及作为效仿者，你怎样才能利用好角色楷模。找到角色楷模，不仅是个人化的也是情境化的，理想化的角色楷模是由镜像思维的运作方式决定的，甚至我们还会把自己当作自己的角色楷模。

为什么要镜映他人

　　我们一直都在镜映我们周围的人。坐火车时，坐在我们对面的乘客打了个哈欠，我们打了个哈欠；若是我们在街上遇到的人对我们微笑，我们也会不假思索地报以微笑；在咖啡馆里，坐在我们旁边那桌的人跷着二郎腿，我们也会跷起二郎腿。我们会镜映持久性更长的行为，比如，我们说话的方式可能会受到同事的影响，思想观点可能会受到伴侣或是我们在听广播时听到的某些名人的影响，而我们的价值观念则是受父母的影响而形成的。任何时候，我们都在镜映他人。无论是否故意为之，我们都在进行角色建模。

重要的是，我们要有意识地进行镜映，主动选择我们的镜映对象，剔除我们不想镜映的对象；让我们过上自己真正想要过的生活，而不会无意中偏离轨道。我们可以选择能够帮助我们成长、提高，充分发挥自己的潜能，过上想要过的生活的角色楷模，从而效仿其行为。即便你已经成功了，你仍然有成长的空间。我们总是需要角色楷模，即便他们不能让我们获得成功，也能让我们觉得充实，他们教我们怎样过上更健康、更有趣的生活，怎样培养更有益的人际关系，怎样成为更优秀的父母，怎样生活更幸福，等等。

你期待什么

首先，无论你是谁，你有什么样的人生目标，你都需要寻找一个支持你充分发挥自己潜能的人，找一个能够帮助你达成人生目标的人。你可能并不确定自己拥有怎样的潜能，也可能并没有明确自己的人生目标，如果你的情况属于上述情形之一，那么你有两种方式可选：自己了解、认识自己；找一位角色楷模帮助你了解自己，明确自己的人生目标。无论你用什么方式，你都需要耐心和坚持。你需要明确的基本内容包括你的价值观念、你的长处、你的喜好、你还不够成熟的地方，以及你的盲点。然而，你还要利用这些信息探索什么能赋予你的生活以意义，什么能帮助你确定你生活的目标，以及怎样才能充分发挥出自己的潜能。

怎样做好镜映

明确了上述内容，你就必须经常提醒自己达到这些目标，这真的很重要。如果你还不能完全明确上述内容，也不用担心，你可以请角色楷模帮助你深入探索，无论个人化的角色楷模，还是观察与自己关系并不亲厚的其他人，都没关系。不过，有一点是肯定的，无论你要效仿谁，你也不能完全复制他人的行为。你学到的应该是行为方式，你的主要价值观和个性仍然不变。在某些情况下，你可能会发现，角色楷模的价值观深深地打动了你，于是你调整了自己的观念，即便如此，你的主要价值观和个性仍然无须改变。重要的是，角色楷模并不是让你拿来与自己比较的，我们不能也不应该想着成为他人的样子。我们可以镜映他人的行为习惯，但这些行为习惯也必须符合我们自己的个性和主要价值观。

无论个人化、情境化还是理想化的角色楷模，都对我们很重要，我们必须保持开放且好奇的心态。假设你是个爱学习的探求者，你就要观察你的角色楷模在哪些方面能促进你培养良好的学习习惯。你可能只是需要角色楷模帮助你厘清人际关系，或者你想要了解角色楷模的经历，弄清楚他们是如何取得现有成绩的。例如，我就讨厌交际，虽然我看起来性格很外向，但实际上内向，因此，我需要找一个虽然性格内向但懂得交际之道的人作为我的角色楷模。这可能意味着我要观察那些人，或者与他们一起探讨，并按照适合我的方式去与他们打交道。

要效仿谁

你应该效仿谁？请记住，从你出生的那天开始，你就一直在效仿你身边的人。这个观点并不新鲜，只是你长大后，在有意识地决策要效仿谁，为何要效仿，这的确与你的需求相关。你可能只是想要改正你的某些行为，如果想成为企业家，你可能敬仰理查德·布兰森（Richard

Branson)①，你会读他的传记以及媒体上关于他的文章和报道。与此同时，你还可以找一个个人化的企业家作为角色楷模，或者观察你所住社区的成功商业人士。

你的需求应该是个人化、感性化的。即便是个人化的角色楷模，也只有他们理解你，体验过你的经历时，才能对你有所助益。在这种情况下，如果你身边没有认可你的人，那么你可以通过网络找到支持。

从宽泛的角度认识你的需求，然后辨识谁最能够满足你的这些需求，谁能够支持你、认可你，谁能够做出你希望他们做出的行为，这是很有用的，这些不一定都要一个人来完成。我给领导者们提供咨询服务的时候，他们通常都很难找到自己的角色楷模。刚刚拓展事业时，他们会敬仰那些经验更丰富的人；如今他们已经积攒了足够的经验，然而，他们仍然想要学习，也仍然有继续学习和进步的空间，只是，他们可能要把不同人的不同优点集合在一起，去效仿、镜映。也许他们需要学习马丁·路德·金的沟通技巧，需要学习甘地以和平的方式让人们结成统一战线的能力，需要学习福特（Ford）公司总裁艾兰·穆拉利（Alan Mulally）将福特公司从危机中解救出来的能力，或者是学习亚里克斯·弗格森（Alex Ferguson）的原则性和专注性。他们可能会从体育运动中看出领导能力以外的东西，例如，冲浪运动员贝瑟妮·汉密尔顿（Bethany Hamilton）在遭遇鲨鱼袭击失去了一条手臂后，仍然上场冲浪；此外，还有智慧、勇敢、个性果决的作家玛雅·安吉罗；在飞机的两个引擎都无法正常工作的情况下，将飞机降落在哈德逊河在纽约的河段上

---

① 维珍品牌创始人，该品牌涉及婚纱、化妆品、航空、铁路、唱片、电子消费产品等领域。

的萨利机长，是怎样保持冷静、促成团队合作安全降落的。这世上有许许多多的人做出过很多非凡的事情，我们只需保持开放的心态去接受即可，这些看起来非凡的事情，可能并不是我们做不到的。通常，我们只要看看与我们最为相近的父母，思考一下他们是怎样出色地完成手中的事情的，以及我们是怎样更有意识、更高效地镜映他们的行为的即可。

你可能还想确定你要有意识地进行反向镜映的人，你想找出某人身上你不喜欢的特质。例如，在医学领域，初级医生常说，他们通过观察比他们更有经验的人做出的不道德行为或发表的不当言论，学习对患者来说怎样做才是最佳的治疗方案。在这种情况下，唯一要担心的便是要确保不要与太多你想反向镜映的人在一起。我们并不能充分认识到我们在镜映他人的什么行为，这也是选择角色楷模如此重要的理由。虽然有些初级医生可能会成功地实现反向镜映，但也有些人可能会镜映不道德的行为。

无论角色楷模的其他方面多么优秀，如果他们不能帮助你变成最好的自己，那么，再"优秀"的角色楷模也不适合你。一个角色楷模的优秀特质并不是我们所有人都会欣赏的，因为每个人都是不一样的。例如，我钦佩格雷塔·桑伯格，不过我的丈夫和长女却对她根本没感觉，但这并不会影响我们的关系。每个人都是不一样的，都有各自的喜好、需求，也对世界有着各自不同的认知。

你可以选择效仿一个角色楷模，也可以选择 10 个、20 个、50 个、100 个角色楷模，这个决定权在你的手中。但是，如果角色楷模太多，你可能就会有点儿不知所措。重要的是，你要记住你自己的需求，并找到能够满足你的需求的人。

你可以镜映的角色楷模包括以下 3 种类型：个人化的、情境化的和理想化的。他们具有如下的特征，如表 12-1 所示。

表 12-1 角色楷模

	个人化角色楷模	情境化角色楷模	理想化角色楷模
包括的人	父母 兄弟姐妹 亲人 朋友	亲人 老师 体育教练 朋友 同事 上司 职业医护人员 青年工人	名人 电视人 社交媒体名人 影星 政治家 领袖人物 运动员 其他重要人物
可能还包括	老师 体育教练 同事 上司 青年工人		虚拟角色
关系紧密度	高	中等	低
关系维持期	长期	可变	可变
互惠性	双向互惠	有限的互惠	单向性给予惠利
镜像思维			

个人化角色楷模

个人化角色楷模最重要的特点之一，就是他应该是让你感觉良好的人。想一想本书所讨论的内容，你要找能够与你有关系、能够信任、经常能见到，或者你提出要求之后，他们都会花时间为你提供帮助的人。在理想的情况下，这个人也会有一定程度的同理心，这是有理由的：同理心较高的人会比同理心较低的人能让你对自己的感觉更好；让你效仿他的社交和情感处理技巧，并帮你更高效地建立人际关系。

你可以将自己的需求明确地告知你的角色楷模，解释你做出这些行为的目的。或者，你可能只将他们当参谋——他们能与你分享他们的经历，告诉你怎样做才能解决问题，怎样做不能解决问题，及其理由，这样就够了。可能你选择了一个更像是心理疏导员的个人化角色楷模，或者你只想观察并镜映他们行为的人。

请你试着保持开放的心态，保持好奇心，考虑什么能满足你的需求以及为什么会满足你的需求，对你没有多大帮助的是什么，仔细观察并学习即可。

情境化角色楷模

情境化角色楷模可能是一个与你有一定距离的人，也许是你参与的某培训班的发起人，他与班里的同学打成一片；也许是你的家庭医生，她用一定的方式让你心情放松，她对你彬彬有礼，亲厚和善；也许是一个工作作风让你钦佩的同事。你经常会与这些人联系，但你与他们并无私交。

理想化角色楷模

理想化角色楷模可能包括任何人，但是我们通常都将他们定义为不可能与你有私交的人，这可能是因为他们是历史人物、名人、虚构的人物、运动员或重要的知名人物等。例如，埃隆·马斯克（Elon Musk）是特斯拉（Tesla）的创始人之一，他提出了一些异想天开的想法，比如将人的大脑与电脑联系起来；在洛杉矶挖掘一个地下隧道，让汽车能在其中以每小时 130 英里 ^① 的速度行驶；进行太空旅行，移民火星等。这

---

① 1 英里 =1.6093 千米。

些计划听起来很疯狂，而数十年前，PayPal 和特斯拉也是一样令人不敢相信。马斯克在小时候就说过："我读过我能买到的所有漫画书。"他的家里摆满了漫画书，他也完全沉浸在漫画的情节中。马斯克最喜欢的是蝙蝠侠、超人、绿灯侠、奇怪博士和钢铁侠，据说，20 世纪 80 年代漫画书中的科幻情节激起了他对太空旅行、技术和能量的兴趣。漫画书作者和学者大卫·刘易斯（David Lewis）说："我认为，马斯克接受了这样一种想法，即聪明和创新是一种英雄主义。"马斯克镜映的是《蝙蝠侠》和《钢铁侠》的理念。刘易斯还说，"如果他在阅读漫画书，他就是在享受并汲取漫画所传达的理念"，可能"这也鼓舞他将自己视为一个潜在的超级英雄，书写他自己的超级英雄故事"。马斯克的角色楷模成了他观念信仰的一部分，他也因此而幻想自己成为通过技术为社会谋福利的人。

类似的还有当代的重要人物——政治家、企业家和思想家。无论他们是谁，你都能够在电视、社交媒体及新闻报道中看到他们，网上可能还有他们的访谈资料，或者是个人传记或者自传。

理想化角色楷模还包括体育明星、音乐家和影星，是那种通过天赋和自身努力而获得成就的人。我们还是要明白，他们也并不完美。你无须镜映他们的所有行为，当他们做错了什么事时，你也不要对此感到失望。你可以因为他们的长处以及你希望效仿的优点而爱他们、崇拜他们，但不要以为他们就是完美无瑕的，他们也是寻常人。还要记住，虽然你可以抱有成为像他们一样有作为的人的愿望，但你与他们不一样，你的经历、故事和所处的环境与他们不同。你要努力成为最好的自己，而不是完全效仿理想化的角色楷模的所有行为，你也不能只看表面现象。英格兰前橄榄球运动员约翰尼·威尔金森（Jonny Wilkinson）以精湛的球技而闻名，但他之所以能取得如此大的成就可并不只是靠运气或天赋，他为此付出了很长时间的努力。他甚至说过，他痴迷于橄榄球运动，这甚至影响到了他的心理健康。

同样重要的是，对于任何媒体上的角色楷模，我们都不能全盘接受他们的一切。我们在第十章讨论过，我们自然而然地认为，成功人士做的所有事、他们展现出来的所有个性，都是值得效仿的，然而，事实并非如此。媒体报道展现的某些内容是公关人员撰写的，某些内容则是想要扩大产品销量的商家特意放大的，并非所有内容都是真实的，媒体上所宣传的也并不都是促使他们取得成功的因素。更重要的是，你不知道他们为了获得现有的成就而付出过什么，做出过什么牺牲。你可以看看他们获得成功的原因，如他们对目标的决心、坚持以及对他人的关心，以便找到真正值得你效仿的东西。

如果你选择的是没有因特别的天赋或成就而赢得名声的人，那么记住以下这点相当重要。在不断进步的社会中，仅凭天赋，他们是不可能获得成功的，虽然社会一直在进步，但我们的大脑和做人的方式并没有发生改变。网络上和电视真人秀中的很多明星可能是很不错的人，也值得我们镜映效仿。他们可能是很棒的沟通者，也许正是这种沟通能力才让他们赢得了如今的名声，如果这符合你的个性、喜好和人生目标，那么他们就是你最好的镜映对象。然而，如果你只是想要像他们一样成功，这就完全不一样了。即便你的确想成为电视真人秀中的明星，对你来说，只镜映他们可能并不够。这个世界在快速改变，我们的机遇之窗和运气等促进成功的因素也都在不断变化。看看现在的体育明星、领导人物或其他知名人物，你会发现，他们就像 50 年或 100 年前的名人一样，他们的成功都由一些共同的因素促成，如果只是为了出名而出名，那么他们就无法获得成功。如果你真的想要镜映名人，你就要想想，他们为了达到目标而做出的行为与你的价值观念是否相符。你要思考一下，镜映他们的行为是否真的能帮助你达成你想要的目标，仔细分析那些你认为对你有所帮助的因素，并将它们与对你无益的因素区分开来。

确定你的角色楷模

接下来，我会帮助你根据自己在生活中关注的特定领域，确定你想要的角色楷模。这些领域是什么，由你根据自己的主要驱动力和需求决定。图 12-1 中的每个部分都会有一些相应的人物案例，但这只是粗略的指导，而不是让你严格遵照这个执行。

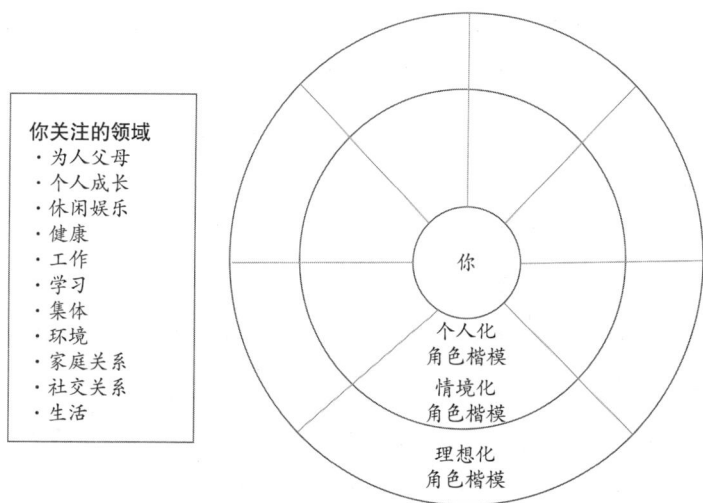

图 12-1　确定角色楷模的依据

首先你要确定自己关注的领域，比如你想成为什么样的人，你想在生活的不同领域中培养哪些个人特质和长处。你可能会选择关注如下领域。

为人父母——你想要成为怎样的父母？你想让谁做你的榜样，以指点你怎样为人父母，怎样才能做更好的父母？

个人成长——你想要让谁做你的榜样，从而帮助你确立自己的价值观念和态度，让你成长、成熟，让的精神世界更充盈？

休闲娱乐——在你的业余活动、爱好、休闲观念方面，你想要模仿或镜映谁？你会怎样利用自己的创意进行休闲娱乐？你想参与什么样的活动？你喜欢怎样度过你的假期时光？

健康——在生活方式健康、积极，坚持健身、健康饮食、生活态度积极方面，谁是你想要效仿的榜样？

工作——你想让你的事业达到怎样的高度？你钦佩你所属行业或其他行业里的什么人？哪一种角色楷模做出的行为是你想学习的？谁是你尊重且觉得能从他身上学到东西的人？

学习——你认为，谁渴望获得知识，对学习有好奇心？谁在面对难题时会聚精会神继续钻研？谁一生都渴望受教育？

集体——谁是拥有你尊重的集体性意识的人？他们身上有什么是你可以镜映的？你钦佩的人在你所属的地方或更广泛的社会中持有怎样的立场？

环境——有没有人关注环境、气候和大自然，且他们与你的环保理念是一致的？你想镜映他们的行为观念和态度吗？

家庭关系——谁对待伴侣、父母、孩子和亲人的方式是你想要镜映的？在处理家庭关系时，你能做些什么呢？在你的家庭中，谁对待家人的行为是你想效仿的？

社交关系——在你认识的人中，谁建立了积极且富有建设性的人际关系网？谁能让不同的人团结一致？谁的身边有很多能让他们自我感觉良好的朋友？谁与他人的关系最好？

生活——谁的价值观念、生活方式和态度是你钦佩、尊重并且想要效仿的？

选择你想关注的领域，既可能是家庭关系，也可能是工作示例（见图 12-2），或者将其分成不同的领域（见图 12-3）。

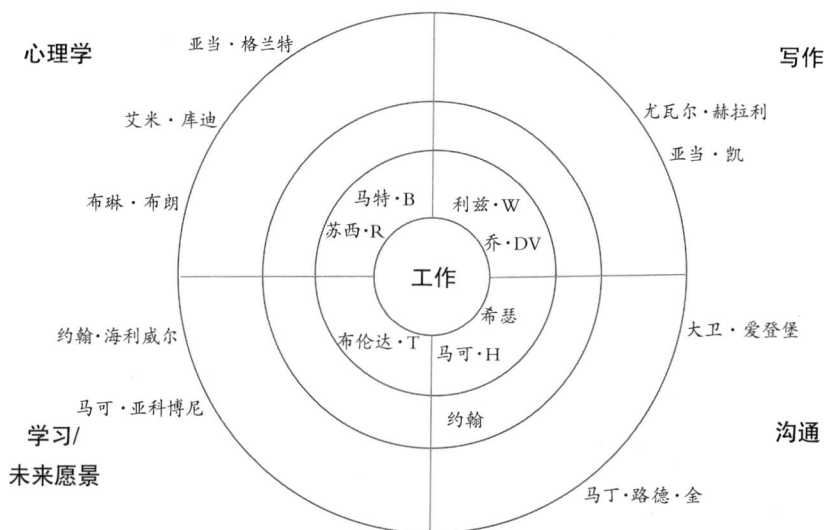

图 12-2 工作示例

在每个圆圈里写上你想要镜映的对象的名字，将个人化角色楷模放在最外面的圆圈里，情境化角色楷模放在中间的圆圈里，理想化角色楷模放在里面的圆圈里。在图 12-3 中，我将我的父亲划为了理想化角色楷模，因为他几年前过世了，我不可能跟他继续保持个人化的关系。你如果想要效仿一个亲人或是关系亲近的朋友，也可以这样做。

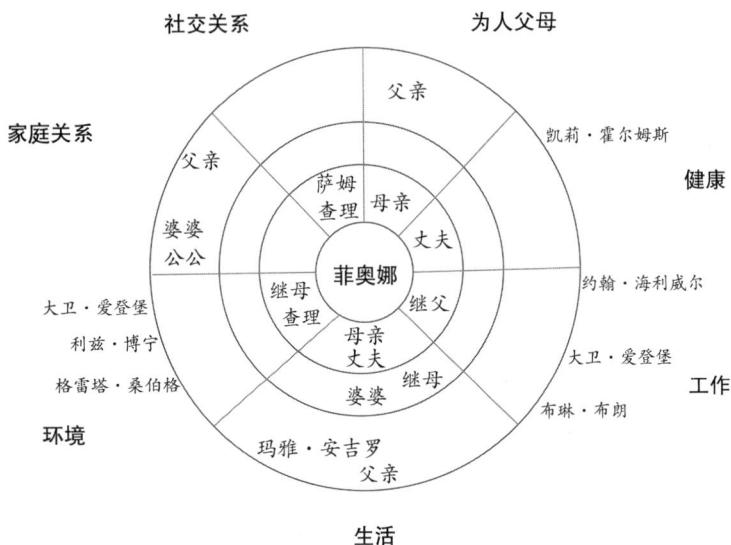

图 12-3　细分领域

添加细节

你可能还想填写表 12-1 中的信息，以添加更多细节。这能让你弄明白你想要镜映或反向镜映的究竟是什么，让你知道你要怎样评价这个过程。

镜映怎样帮助我们塑造自己

镜像神经元能帮助我们做人，它让我们学着说话、学习、传播知识，与他人建立有意义的情感关系，爱他人，它让我们体会身边人的喜怒哀乐；没有它，我们就没有创意，无法做白日梦，无法发挥想象力，无法讲故事，无法创作伟大的艺术、音乐、影视和文学作品，也就无法从史前的穴居人进化成如今的样子。事实上，镜像神经元成就了现在的我们。

也就是说，它也应对我们不希望出现的事情负责。角色楷模和镜映会影响有关我们生存的许多问题，越来越多的饮食失调和心理健康问题通过社交媒体升级。

杰出的英裔美国史学家大卫·克里斯蒂安（David Christian）以提出一种名为"大历史"的跨学科研究方案而闻名。他认为，人和其他生物的不同之处在于，人类可以集体学习。他将这种能力定义为"分享、储存和构建信息的能力"。作为人类，大约从 5 万年前，我们的大脑停止进化时起，我们就与为我们搜集食物的祖先一起开始学习。我们的祖先沟通交流的信息，包括让他们能够适应不同的气候、让他们分享食物来源、让他们得以制作工具的知识，这些知识代代相传。每一个阶段，每一代人都在学习、调整、修改怎样在他们所处的环境中努力生存的知识，并逐渐进步。约 44 000 年前，人类已经开始以洞穴壁画的形式记录自己的故事和经历，从而让后代们世代相传，并创建了代际镜映的平台。

毕竟，通过观察、动手和讲故事教下一代学习的方式，无论过去还是现在，都要依靠镜像系统。思想的发展则需要好几代人的努力才会前进一步。直到公元前 3300 年前后，人类才培养出了写字的能力。很快，这种能力就让集体学习有了飞跃式的进步；我们的想法观念可以被记录下来，可以被更快速地传播、扩散，我们的祖先不再是仅仅依靠镜像神经元来学习了。然而，学习的大部分内容都仍然需要镜像思维，比如社会结构的创立，公平，学习共享的观念，学习已经确立的普遍化的价值观等。

这几十年，诸如互联网这样的技术提高了信息传播的速度和质量。数百年前一个村庄一代人学习的内容，如今可以在几秒内让全世界的人都知道，集体学习的规模和速度呈指数级增长。

这种学习规模和速度是令人难以置信的。以美国国家航空航天局（NASA）的"开放式创新"项目为例，该项目旨在汇集全球的知识解决具体的问题。NASA 的太空应用挑战赛被称为"为期两天的黑客马拉松"，在这里，来自全球的技术团队、科学家、设计师、艺术家、教育家、企业家、开发人员和学生都会利用公开的数据资料进行合作，为全球面临的问题设计有创意的解决方案。在 48 小时中，该项目汇集了来自 91 个不同地区的 8000 多人一起解决 40 个全球化问题，该项目的宗旨是"帮助改善地球上的生活",他们提出的解决方案包括诸如被称为CROPP 的应用程序之类的技术。例如,因为蝗虫、疾病和其他问题摧毁了 30% 的作物,这直接影响农民的生存条件,CROPP 提供信息,为农民提供实时的作物种植风险评估,评测作物是否会遭遇虫灾,是否会发生疾病或其他问题,从而帮助他们改善收成。这项发明利用了简单的塑料瓶,里面装有传感器,传感器能够收集田间地头的数据,并发送到云端服务器上,然后结合来自卫星的图像和数据,从而向农民发出预警信号,以便让他们为潜在的威胁做好准备,这一技术能够大大减少作物被虫害毁掉的风险。这项可以彻底改变农业收成的惊人技术,在两天内就被设计好了。越来越多的组织机构都在像 NASA 一样,团结起来,使知识和创新能够迅速传遍全球,从而加快找到解决问题的答案。大家也都在主动探寻食品安全、能源生产和医药科学问题的解决方案。

问题在于,虽然我们分享科技知识的方式如此先进,但为什么世界上还有那么多做不好的事情?为什么会有贫穷、犯罪、暴力虐待等问题?我们是不是关心错了问题?我们是不是找错了镜映对象?

作为人类,我们正处于一个关键时刻,虽然我们解决问题的能力得到了根本性的提高,但我们也因为这种提高而扼杀了我们的镜像系统功能。我们以超凡的速度创造解决问题的方案,但我们制造问题的速度比解决问题的速度还要快得多。过快的生活节奏,抑制了每个人充分发挥潜能及成长、发展的机会,扼杀了我们作为人类所拥有的潜能。密歇根州大学博爱学副教授萨拉·康拉特(Sara Konrath)在 2010 年时调研了近 14 000 个人,结果显示,1979—2009 年间,受调查对象的同理心水平下降了 48%,2000—2000 年间的降幅最大。这主要是因为,有了科技手段,一些人也就丢掉了以前的行事方式,一些人像行尸走肉一样活在世间，不懂得社交和情感处理技能，忙着各种各样的事情，却又不够专注，把握不了境况的细微差别，无法培养出同理心、社交能力和情感素养。我们太过专注于浏览网页，而没有专心于弄明白怎样才能更好地发挥自己的潜能。如果你和我都不充分发挥自己的潜能，那么谁也无法变得更优秀。令人担忧的是，没有培养同理心，我们也就不能建立高质量的人际关系，这会对人类社会产生怎样的影响？

遗憾的是，结果比想象的还要糟糕。不仅我们的镜像系统受到了更快速的生活节奏的干扰，而且科技进步往往促进了利润增加，而不是有利于解决社会或人居的问题。虽然我们创造出诸如 CROPP 这样令人惊叹的科技产品，但这些产品更多的是为在商业平台上推销产品而创造条件，而不是让这个世界变得更美好。即便是我们汲取了关于行为学的知识，也更多的是被用来利用，而不是用于为人类造福。例如，科技巨头公司从世界顶尖的学校雇用一些最优秀的学者，利用行为学的洞察力获取商业利益。这世间一些最具创意的人，付出了巨量的脑力，吸引我们去浏览他们创建的应用程序，在我们的社交媒体平台首页，向我们推荐我们可能想要购买的商品。有些人甚至声称，社交媒体可以预测一段情感关系是否会破裂，并据此向我们"推销"一种全新的生活方式。

当我们在新闻中看到美国有越来越多的大规模枪击事件，越来越多的人患抑郁症，自杀率大幅提高，还有越来越多的人心怀仇恨，行事奉行极端主义，我们都要想做点什么来改善这些情况，但我们不知道该怎么做。我们试图让自己的声音更响亮，以吸引更多人，我们上网，每天都在网上发无数条推文，却发得过量了，削弱了我们做人的能力。我们尝试用科技手段来创造解决问题的办法，例如，像抑郁症这种削弱人意志力的心理疾病，现在可以用药物控制了，而在一个世纪以前，这根本就是不可能做到的。但是我们用科技之便来加快生活的速度，通常是为了获得商业利益，而这就让我们的大脑更加落后于我们的环境。也就是说，虽然我们现在可以治疗抑郁症，但从总体上来说，人的心理健康失衡状况正在加剧。自 2001 年以来，美国人的自杀率上升了 31%，换句话说，药物显然没有解决人类的心理健康问题。

我们需要进行预防，而不是治愈。

对此，神经科学已经有了一些令人难以置信的结论，未来还会产生更多相应的知识。下一步就是利用这些知识，将它们与其他成果（如人工智能产品）结合起来，用在我们的社会生活中，让我们发挥出自己应该具备的能力。所有这些证据都证明了，当我们以最自然的方式使用我们的大脑，用角色楷模和集体镜像思维作为分享社交和情感处理技能知识的基础时，我们就有能力创造奇迹，再加上先进的技术手段作为辅助，我们就能让这个世界变得更美好。

如果我们按照大脑的指示行事，而不与之对抗，我们就能利用这些知识打破生活中的许多恶性循环，并提高下一代的生活质量。重视角色楷模和镜像思维，而不让我们世界上的先进科技阻碍人类能力的发挥，这可以确保所有人更能够充分地发挥自己的潜能。

值得注意的是，有证据表明，优先考虑孩子的行为技能至关重要。确保孩子在学校学到了社交和情感处理技能，会让他们的心理和生理更健康，而且他们将来也更可能获得适合自己的好工作，过上自己想要的生活。为了达到这个目标，老师们必须具备传授这些技巧的能力，不会因为考试的压力而不传授这些技能。也许，最重要的是，我们的孩子需要摆脱残酷、上瘾的社交媒体。研究表明，如果我们能够改善孩子的镜像思维，这将有助于打破暴力、虐待和犯罪代代相传的循环。

从整体上而言，更关注我们的社交和情感世界，更好地认识和了解自己，将助于缓和许多国际问题。

那么，我们怎么才能缓解这些问题呢？当我们看到科技对社会产生的负面影响时，我们如何对科技的使用施加更多的监管措施？酗酒、赌博、吸毒、嗜糖，都成了问题，因为这些行为都危及个人和社会生活，很少有人会不赞同管制这些问题行为。让我们回归自然生活方式的解决方案不一定是绝对的——允许孩子使用社交媒体平台的年龄限制可以提高一些，或者根据年龄限制每天的使用时间。这能够确保孩子们有时间面对面地向成人学习在这个世界生存所需要的社交和情感处理技能。对各类组织来说，应该优先考虑用行为洞察力行善，而不是只为获利，不能亡羊补牢。

你现在对人与人之间的广泛联系有了更多的了解，问题在于，你会怎样做出反应？你会继续像行尸走肉一样生活，还是会清醒地认识你周围的世界和人？作为个人，你是独一无二的，但这种独特性只有在你与他人互动、你用自己的想法和观念影响其他人的生活时才有意义。我们共同体验这世间的生活，共享对这世界的认识和理解，我们相互依赖着生存、繁衍。同样地，为了活着，我们也需要吃喝，需要与他人沟通联系。同样地，水质和我们食物的营养成分影响着我们的身体健康，我们与他人的关系影响着我们的大脑和灵魂。没有这种关系，我们的道德和价值观念都有可能丢失。

如果你选择努力"观察"周围的世界，选择你采用的行为模式和反应方式，你就能够从某种程度上控制大脑的塑造过程。你可以选择通过自己的行为反映你希望看到的世界，虽然以你我之力可能无法改变整个社会，但我们肯定可以开启属于自己的良性循环。每个人一生中大约要遇见 80 000 人，如果他们都学习了我们的某些优点，并将它传播给他们遇见的 80 000 人，那么从理论上讲，我们就能影响 64 亿人。如果他们继续传播，这个数量还会呈指数级增加。

想象一下，下次去咖啡店喝咖啡的时候，你不再盯着手机看，而是在点咖啡之前真正抬起头来向服务员微笑一下，这种简单的互动就会产生连锁反应。想象一下，如果你专心地看着孩子玩耍而没有回复手机短信，你就能通过镜映，告诉他们付出情感和赞美别人的重要性。每一次与他人高质量地进行沟通交流，都能够改善你们的关系，并增加传播知识的可能性，能够促进人们认识到人际关系应该是什么样的。一次积极的互动将会给他人带来无形而巨大的多米诺效应，事实上，它将改变整个世界。

致谢

谢谢乔·德弗里斯不断支持我将理念进行实践；谢谢艾玛从一开始就来帮忙；谢谢安娜，你是一位很有责任心、很乐于助人的编辑部主任；谢谢温柔的版权编辑艾米丽。感谢安东尼·福斯特教授，你讲解的有趣内容总能激发我的灵感。还有所有教我镜像神经元功能知识的学者们，其中最需要感谢的是慷慨、谦逊且明智的马可·亚科博尼教授。

谢谢布伦达，你是我积极的角色楷模；谢谢伊兹让我学到了很多知识；谢谢母亲为我们所有人的付出；还有我的女儿们，我非常爱你们，克里斯，你让我过得很充实。

谢谢这一生中我镜映过的所有人，尤其是在我幼年时塑造了我这个人的所有家人——彼得、母亲、父亲、盖尔和马尔科姆。